awilda cáez

MANCHAS DE tinta en los DEDOS

PAÍS INVISIBLE EDITORES

Manchas de tinta en los dedos
ISBN: 0988557703
ISBN-13:978-0-9885577-0-3
©Awilda Cáez Rodríguez
Primera Edición, septiembre 2013
Segunda Edición, febrero 2014
Correo electrónico de la autora: awilda_caez@yahoo.com

Editores: Awilda Cáez y Emilio del Carril
Corrector: José H. Cáez Romero
Concepto artístico: Emilio del Carril
Cuidado de la edición: Emilio del Carril
Diagramación, portada y contraportada: Julio A. García Rosado
Fotografías:
  Map of the world
  © Bram Janssens | Dreamstime.com
  Two colorful hands form a cup
  © Robert Neumann | Dreamstime.com
  Colored ball letters
  © Carlos Castilla | Dreamstime.com

Fotografía de la autora: RADAGROUP
Radamés Rosado y Zulma I. Crespo
Fotógrafo: Alberto Millones
Asistente: Moraima Guzmán

Una versión original de este libro de cuentos fue la tesis de Maestría en Creación Literaria de la Universidad del Sagrado Corazón sometido por la autora y aprobada con distinción en mayo de 2009. Posteriormente fue editado y se le añadieron varios cuentos.

A Emilio del Carril y Maira Landa

CONTENIDO

PRIMERA PLANA

GENTE

"Journalism is literature in a hurry."

—Matthew Arnold

"But my feeling is that there's no such thing as nonfiction. Everything is fiction, because in the moment someone tries to relate an experience of what happened to them, it's gone. The reality that was felt at the moment is almost impossible to describe. It's one reason why there are writers, to come close to how it felt when it happened."

—Norman Mailer

PRIMERA PLANA

Nada de luto

El dinero no es nada, pero mucho
dinero, eso ya es otra cosa.

George Bernard Shaw

Imagino que prefiere las historias de gente salvada de entre los escombros días después, como los bebés del Hospital Juárez. Un verdadero milagro, ¿no le parece? Para mí fue diferente. Digamos que el terremoto me dio una oportunidad. No quiero decir que me fastidió la vida porque sería egoísta; por lo menos vivo para contarlo. Nadie sabe el número oficial de muertos: el gobierno dice seis mil, pero existe la sospecha de que muchos cuerpos se fueron con el cascajo que recogieron. A los dos días entraron las máquinas a llevarse todo y ya no se supo más.

Veinte años de historias, buen título para su reportaje. Agradezco que haya venido a escuchar la mía. Usted decide si la publica.

Llegué de Sinaloa dos años antes del terremoto. Me había graduado del curso de oficinista y tenía un puesto como gestora de cobranza, pero quería venir a la capital a ganar más dinero. A los diecinueve años, con dos mil pesos en el bolso y un abrigo que me regaló una tía, decidí mudarme. En esa época creía todo lo que presentaban en las telenovelas de Lucía Méndez. Pensé que podía ser una de esas provincianas que llegaban al DF a trabajar y conocían al amor de su vida. Lo que encontré fue una ciudad con escasez de agua y apagones, en donde no servía para nada que hubiese aprendido con mi madre a pescar y sembrar maíz. Hasta la misma gente que había nacido aquí actuaba como si no perteneciera a algún lado.

14

Empecé a trabajar como mucama en el Hotel Regis. Sí, el mismo que derribó el temblor. Allí estuve hasta marzo del 85. Me salvé por seis meses de que me aplastara una pared. En total murieron ciento cincuenta y cuatro excompañeros. Allí había gente mejor que yo, que no hubiesen sido capaces de inmiscuirse en un negocio tan sucio como el que hice. De eso quiero hablarle, para que vea cuán bajo se puede caer por dinero.

Me había ido del Hotel cuando conseguí trabajo de cantinera en Reinas, el bar más lujoso de la Zona Rosa. En una de esas noches de pocos clientes conocí al gerente de Seguros Nacionales. Era un señor alto, bastante feo, de apellido Gutiérrez. No me impresionó para nada, aunque me hacía reír cuando se sentaba a la barra para contar chistes. Lo escuchaba porque era respetuoso, no como los demás que se mantenían a raya cuando estaban rodeados por los empleados, pero si me veían en la calle gritaban cosas feas. Como si yo fuera una güila solo porque trabajaba de noche como cantinera.

Un día Gutiérrez dijo que tenía un negocio para mí. Si hacía lo que él pedía me garantizaba treinta y cinco mil pesos. ¿Qué necesitas?, pregunté. Tú nombre y número de credencial del IFE, contestó. También mencionó un cheque que cambiaríamos juntos, pero no dio más detalles. Pidió que nos reuniéramos al otro día en un café de la avenida Niños Héroes. Acepté. Lo que ganaba en el club me daba para vivir, pero quería cambiar de vecindad y esa lana me caía chido.

Llegué a las once. Gutiérrez esperaba sentado frente a una mesa llena de papeles. Me dio la bienvenida con una sonrisa que parecía falsa, como la que mostraba cuando terminaba de hacer uno de sus chistes. Ya vas a ver, Amalia, si nos sale bien podemos volverlo a hacer, dijo. Le voy a explicar en qué consistía el plan, así entenderá mejor lo sucio que era todo. El enredo funcionaba de esta forma: uno de sus clientes tenía una enfermedad terminal, algo de los pulmones. El seguro de vida tenía como beneficiarios a la esposa y al hijo, mitad para cada uno. Gutiérrez se encargaría de llenar en su oficina un formulario de autorización para cambiar el nombre de la futura viuda por el mío. Con la firma no había problema, según él, porque sabía falsificarla. Cuando muriera el hombre, solicitaría al hijo que le trajera el certificado de defunción para cobrar lo que le había dejado su padre. Una vez lo tuviera, haría las dos reclamaciones. Pregunté qué pasaría con la mujer cuando fuera a buscar su cheque y se enterara de que no le habían dejado nada. Gutiérrez contestó que él se encargaría de inventar la historia de que el cliente había solicitado el cambio de beneficiario antes de morirse. Lo peor es que la pobre creerá que su marido le dejó el dinero a una amante, comentó. Explicó que la señora no podría ir a ningún juzgado a exigir que me quitaran la lana porque la ley establece que el beneficiario puede ser cualquiera que escoja el dueño de la póliza. Eso sí, yo tenía que ir al banco junto a él cuando llegara el cheque para cambiarlo y darle la mitad. El único que podía descubrirnos estaría muerto, por eso acepté la propuesta. Gutiérrez dijo que un amigo de Acapulco lo había hecho cuatro veces sin problemas.

Yo quería el dinero. No me importaba la mujer para nada.

Veinte años y todavía recuerdo cada detalle. Dicen que los mexicanos cambiamos con lo del terremoto. Que nos convertimos en una mole gigantesca de gente que quería

15

ayudar. El que más o el que menos perdió a alguien ese día. Hasta los bebés del Hospital Juárez que rescataron de entre los escombros quedaron huérfanos. Habían nacido el día antes y sus madres estaban en el piso de maternidad. ¿Sabe qué? Yo también volví a nacer aquella mañana. Gutiérrez visitaba el bar casi todas las noches. Un viernes llegó muy contento a decir que el dueño de la póliza estaba en el hospital, que sería cuestión de días. Le pregunté cómo lo sabía. Soy amigo de la familia; coincidí con el hijo en el banco y me lo contó, dijo. Sí, Gutiérrez era una rata. Se portó como un conchudo cuando habló con el hijo del moribundo. Yo seguía sus instrucciones para ganarme el dinero. Pensaba que era más inocente que él porque, por lo menos, no conocía a las víctimas. A las dos semanas mi nuevo socio llegó al club harto de contento. Informó que el hombre ya había muerto y que él se iba temprano para llegar hasta la funeraria. Le iba a pedir al hijo que le dijera a la viuda acerca de los papeles necesarios. Cuando tenga todo, solicito el cheque y nos vamos juntos al banco, dijo.

Esa noche me emborraché con lo que gané en propinas. Luego estuve feliz. Pensé en lo corrupto que era el gobierno, usted sabe cómo el PRI se robó el dinero y nos dio una vida miserable. Lo que yo hice no comparaba: solo le robaba a una persona. En Sinaloa nos ayudábamos mucho, pero acá en el DF era otra vida. No era el mejor lugar para vivir, pero ganaba más dinero. Conocía a poca gente, por eso me gustó que Gutiérrez contara conmigo. Por lo menos esa complicidad hizo que no me sintiera tan sola. Alguien dependía de mí para lograr una meta. Era como si yo tuviera el poder de hacer algo, aunque fuera una porquería.

La llamada ocurrió tarde en la noche, el miércoles 18 de septiembre. El Chusco fue a buscarme al almacén porque un señor en el teléfono preguntaba por mí. Era Gutiérrez y tenía el cheque. Yo debía llegar a su oficina a las

16

siete y media al otro día para firmar unos papeles y de ahí nos iríamos juntos al banco de la avenida Reforma. Enganché el teléfono. Pensé en la viuda y en lo que pasaría por su mente al enterarse que su marido le había dejado el dinero a una supuesta amante desconocida. No pude dormir esa noche. Hice planes, quizás demasiados. Ni siquiera era tantísimo dinero, pero lo necesitaba. A las siete de la mañana tomé un taxi en dirección a la colonia Roma número 752, la oficina donde Gutiérrez me esperaba. Yo vivía en la colonia Portales, al sur del DF. Tomaba media hora llegar al norte.

A las 7:19 sentimos los movimientos. El taxista se detuvo para bajarse del coche y yo hice lo mismo. ¡Es un temblor!, gritaba la gente que estaba en la calle y corría a refugiarse debajo de los marcos de las puertas o se tiraban al piso. Abracé a una señora que lloraba y las dos nos pusimos de rodillas. Se escuchaban explosiones a lo lejos. Para mí, que lo más fuerte que había oído en la vida era una ráfaga de disparos en Sinaloa, aquello fue suficiente para darme cuenta de que algo malo pasaba. Esperamos unos cinco minutos hasta que el taxista dijo que podíamos seguir el viaje al norte de la ciudad, y lo intentamos, pero el avance fue poco, no más veinte kilómetros. De ahí en adelante la policía nos impidió continuar. En la colonia Roma se había sentido muy fuerte el terremoto, había edificios derrumbados. Todavía no sabíamos cuánto nos cambiaría la vida a todos lo que acababa de ocurrir.

Le pagué al taxista y me bajé. Caminé en dirección a la oficina de Gutiérrez. Tuve que pisar con cuidado porque los escombros cubrían la calle. Entre los pedazos de cemento vi un cachito de azulejo de baño, la agarradera de una jarra plástica y una cortina rasgada. Levanté la cabeza. Allí estaba el edificio Balmori, destruido, con sus ventanas, sus pasillos, las escaleras y los marcos de puerta que no salvaron a nadie porque se cayeron también. Pensé en Gutiérrez y continué el paso. Por poco no encuentro el

17

sitio; la mitad de los pisos del edificio se habían derrumbado sobre la otra mitad. La policía comenzó a acordonar el área y me impidieron pasar. Esperé por horas en la calle, con los ojos puestos en los cristales rotos. A través de un agujero improvisado entraban y salían a duras penas los rescatistas. Se necesitaban dos para agarrar los cuerpos, uno lo tomaba por las manos y el otro por los pies como si fueran hamacas. Los colocaban en la calle hasta que alguien los identificaba. El cadáver de Gutiérrez lo sacaron en la tarde, un poco antes de que cayera el sol. Le pedí permiso al oficial encargado de velar los muertos para acercarme con la excusa de que éramos familia. Me arrodillé para verlo de cerca. Tenía la cara hinchada con moretones violeta y sangre en la oreja izquierda. La ropa estaba sucia y desgarrada. Con disimulo verifiqué los bolsillos del pantalón; en el de atrás tenía la billetera. Entre el desorden y la oscuridad noté que nadie me miraba, así que la guardé en mi bolso. Me incliné sobre el cadáver como si estuviera llorando para rebuscar en los bolsillos del frente. Encontré el cheque. Lo guardé también y salí del área. El oficial me detuvo para firmar un papel que certificaba el nombre del muerto. Tenían instrucciones de llevar los cadáveres a una fosa común antes de que empezaran a descomponerse. Gutiérrez se convirtió en uno más de los fallecidos enterrados sin que nadie rezara ni guardara luto por ellos.

El bar cerró por doce días. Decidí irme a la zona de Tlatelolco a ayudar en lo que pudiera. Separé medicinas y repartí tortas a los voluntarios. Por semanas no se habló de otra cosa en este país que no fuera el terremoto. Usted sabe cómo son las noticias. Muchas historias me hicieron llorar. Eran demasiadas personas tomando decisiones para las que nunca se habían preparado: Ampúteme la pierna, pero sáqueme ya, cuentan que dijo un señor en la Conalep.

En esos días tuve la viuda en la mente muchas veces. Después de todo lo que ocurrió, decidí usar el dinero para regresar a Sinaloa. Tenía miedo de que me atraparan, aunque Gutiérrez había asegurado que era imposible. Trabajo en una fábrica de mantelería desde entonces. No había vuelto al DF hasta hoy que vine a hablar con usted. Digo que mi vida la divido en antes y después del temblor; la rutina diaria es más o menos la misma, la diferencia es la intensidad. Vivir en la capital requiere de un esfuerzo adicional hasta para cruzar una calle. En mi pueblo todo es más tranquilo, pero no hay esperanza. No es que sea pesimista, pero nada me trae la ilusión que llegué a sentir aquella mañana cuando salí de la casa y subí al taxi. Por unos minutos creí que con el dinero tendría por fin la vida de telenovela que vine a buscar a la capital.

Si usted puede, publique esta historia. Escríbala como se la he contado por si ocurre un milagro y en algún lugar la viuda lee su reportaje. Que por fin se entere cómo pasaron las cosas. Si recibe alguna respuesta, llámeme. Quiero devolver el dinero. Todavía tengo el talonario del cheque y allí está escrito el nombre del muerto, creo que con todos estos datos se podría identificar a la mujer. He ahorrado por años, aunque sé que después de tanto tiempo esa cantidad no vale mucho. Le parecerá que es una tontería, pero para mí es muy importante.

¿Me cree si le digo que todavía guardo la billetera de Gutiérrez?

Hundir un barco

*Lo cierto es que el que no salió a la
calle, lloró en su casa. El que salió,
lloró también. Nunca hubo un llanto
tan largo, tan concienzudo, tan sentido,
sobre la áspera, verde y bermeja tierra
de España. Nunca lloraron tantos por
uno solo. La consigna era un desafío:
ETA escucha, aquí tienes mi nuca.*

Periódico *El Mundo*
20 de julio de 1997

Recuerdo su nuca blanca. Apenas noté unos cuantos vellos claros cuando inclinó la cabeza mientras yo amarraba los extremos de la venda negra con la que le cubrí los ojos. Creo que fue un gesto natural de un cuerpo asustado, indefenso. El concejal no sabía las horas terribles que le esperaban.

El secuestro lo planificaron Txapote y su amigo Geresta, papá. El miércoles anterior fueron a la estación del tren a buscar al concejal, pero no lo encontraron. Ese día había decidido ir en coche al trabajo. Mi novio llamó en la noche, dijo que me necesitaba para lograr el plan. Yo, contenta de que me necesitara para algo, dije que sí. Yo, Aliza, siempre lista, enamorada y fiel.

Txapote es moreno, de pelo corto, tan corto que le quedan en el tope de la cabeza unas puntas. Me gustaba acariciarle y sentirlas en la palma de la mano. Tiene la nariz larga; eso es lo menos que me gusta de su cara. Los ojos son demasiado pequeños y separados. De tanto tener el ceño fruncido, se le ha hecho una marca en la frente y parece como si todo el tiempo estuviera enojado. Apenas se escucha cuando habla y por eso muchas veces no entendía sus palabras. Casi nunca sonríe, no recuerdo sus dientes porque rara vez los vi. De su boca solo puedo describir la lengua caliente cuando me besaba, siempre con fuerza, nunca un beso suave.

Te hubiese gustado conocerlo. Me recordaba mucho a ti, a la dureza con la que me enseñaste a jugar, a quemar bandera y a juzgar a los españoles. Las pocas veces que hablábamos, preguntaba por tus cosas y por el abuelo Gudari. Me emocionaba hablarle de lo maravilloso que eres y lo agradecido que estamos todos por el legado que ustedes le han dejado al partido. Le contaba que cuando era niña te regalaba dibujos de aviones con ikurriñas en la cola y en las alas que bombardeaban barcos de la marina española. *Que no quede ni un barco, la próxima vez los dibujas a todos hundiéndose en el mar,* decías y devolvías el papel luego de besarlo. Le contaba también de cuando nos íbamos a la playa del barrio, allá en la Sopelana, y jugábamos al caballo, yo montada sobre tu espalda y agarrándote el cabello. También recuerdo tu nuca, papá, llena de vellos oscuros. Jugábamos en la arena y tú me contabas las historias del abuelo. En el comando dicen que merezco un respeto mayor porque soy la nieta del precursor. Todavía hoy me pregunto si lo más que le gustaba a Txapote de mí era la sangre de Gudari que me corre por las venas.

Él me necesitaba. Nunca lo había admitido, aunque tampoco decía que me quería. Yo le atribuía su sequedad a la disciplina del partido y al miedo a cometer errores cuando hablaba. No podemos fallar en nada, tú lo sabes. Solo lo sentía cerca las pocas veces que nos juntábamos, cuando aparecía en mi piso a pedirme que le pasara la mano por la cabeza. Se recostaba de mi hombro después de hacer el amor sin palabras, ni caricias.

Me pidió el favor de estar unas cuantos días con ellos. Quería que los acompañara a terminar un trabajo que, se-

22

gún decía, se le estaba haciendo difícil.

No me mires así, papá. Sé que debí haberle preguntado para qué me quería con ellos, pero tenía miedo de que se enojara. Llegamos temprano a la estación en el coche de Geresta. Había más gente que de costumbre, tú sabes cómo se llena el pueblo en San Fermín. Entré a un kiosco de revistas a hojear los periódicos y vi la foto de Aznar. Me cae de la patada, igual que a ti. Pasé los ojos por unas cuantas revistas con mujeres en bikini tomando el sol en Mallorca. En verano todos se desnudan, hasta los Reyes salen en las portadas para anunciar sus vacaciones en Ibiza. Me puse a unos cuantos metros del coche para esperar al concejal. Cuando lo vi, me acerqué. Él caminaba frente al edificio de la Coope vestido con una camisa azul y un pantalón negro. En la mano cargaba un maletín mediano color marrón. Le pregunté si sabía la dirección para llegar al Ayuntamiento. Dijo que sí y comenzó a darme instrucciones, pero me hice la que no entendía. Le pedí que le explicara a mis amigos. Nos dirigimos al coche y mientras él hablaba con Geresta, Txapote se fue por detrás y le puso la pistola en la parte baja de la espalda.

—Si te mueves, te mato. Entra al coche y después hablamos —dijo.

Nos subimos los dos a la parte de atrás. Txapote ordenó taparle los ojos y él preguntó qué demonios pasaba. Mi novio le dijo que esto era sencillo: su libertad a cambio de los etarras presos en Canarias. Su vida no dependía de nosotros, sino del presidente Aznar. Si en cuarenta y ocho horas no cumplían, lo matábamos. Trató de hablar, pero entre todos lo mandamos a callar. Lo llevamos a un piso en la calle Eretz; estuvo dos días sentado en un sillón duro comiendo sopa y pan mientras el comando negociaba con el gobierno. Cuando bajaba la cabeza por el cansancio, me fijaba en la nuca blanca, en los vellos claros que la cubrían. Las horas transcurrían lentas, llegué a pensar que las pi-

23

las de los relojes se habían agotado. Txapote pedía que lo vigilara y se molestaba cuando me sorprendía haciendo algún gesto de compasión. Tuve ganas de tocarle, pero no me atrevía.

Le dijeron varias veces que el gobierno no estaba cooperando. Las llamadas del comando al móvil eran constantes, el tiempo se agotaba y la paciencia de Txapote también. Yo le hablaba algunas veces, pero tenía miedo, sabes. Tú me enseñaste que esto es un compromiso. Hay que luchar por la libertad. Yo no pensaba en Aznar, ni en los compañeros en las cárceles de Canarias, sino en que mi novio me necesitaba, y yo, Aliza, estaba allí. Me senté a su lado varias veces, pero no hablábamos porque la tensión era mucha. No dormíamos más de una hora, tomábamos café y fumábamos mucho.

El sábado a las tres y media, Txapote me dio las llaves del coche. Dijo que lo buscara en el aparcamiento y que manejara hasta la entrada del edificio. Cuando llegué ya ellos estaban en la escalera, uno a cada lado y el concejal en el medio. Lo trajeron agarrándolo por los antebrazos, con la venda todavía puesta en los ojos y las manos amarradas atrás. El pobre casi no podía caminar después de estar dos días sentado. Lo metieron al coche. Yo conducía en silencio y, para escuchar alguna voz, encendí la radio. En las noticias decían que se cumplía el plazo. Geresta me daba instrucciones, él sabía para dónde íbamos. Subimos por un camino estrecho durante diez minutos hasta que dijo que doblara a la izquierda y entrara por una bocacalle. Llegamos a una casa vacía, no había nada más por los alrededores. Txapote y Geresta se bajaron con el concejal. Caminaron con él hasta la parte trasera de la casa. A las cuatro en punto escuché en la radio que pidieron un minuto de silencio porque esa era la hora en que el comando había amenazado con matar al secuestrado. No se oía nada, pero yo escuché un disparo y un gemido. Cerré los ojos. Escuché otro disparo. Abrí los ojos y vi a mis compañeros correr hacia el coche. Se subieron y yo manejé de regreso, otra vez sin hablar, con la radio apagada.

Cuando llegamos al piso, vi la sangre en las botas de Txapote. Se sentó en el sillón. Caminé hasta donde estaba y le pasé la mano por la cabeza.

—Lo hemos puesto de espaldas y de rodillas para pegarle el tiro. Se ha caído de frente. Le he disparado otra vez y lo iba a hacer de nuevo, pero Geresta no ha querido.

No pedí más detalles. Ni siquiera pregunté en qué parte del cuerpo le dispararon. Dormimos juntos en mi piso esa noche sin pistolas ni pasamontañas, con el móvil apagado y el reloj escondido bajo la ropa sucia.

Han pasado dos semanas y no sé dónde está Txapote. La última vez que hablamos fue cuando se marchó a Francia. Prometió llamar tan pronto se ubicara.

El concejal tocaba la guitarra en una banda. Lo dijeron en la tele, me he enterado de algunas cosas viendo las noticias. Vi cuando la novia le puso unas partituras en la caja antes de que lo enterraran. Parece que se querían mucho. Imagino que hacían el amor con caricias, besos y música. Imagino que él la necesitaba de verdad.

Cuando estoy en la calle, pienso que todos me miran. He volteado varias veces a buscar los ojos que siento en la nuca, pero no hay nadie. Tampoco es real la sangre caliente que imagino chorreando por mi espalda. Nada ha vuelto a ser igual. Es como si algo hubiese cambiado dentro de mi mente y no hay manera de volver a la vida de siempre.

Tranquilo, papá. Ves que no te fallé, ni al abuelo Gudari, ni a Txapote. Él dijo que estarías orgulloso de mí. Fue como hundir un barco.

Ahora sé que los dos disparos fueron en la nuca blanca. Cada vez que lo recuerdo, bajo la cabeza.

Pedazos

Andrea perdió a su amante a finales de octubre del 89 y, dos semanas después, cayó el Muro de Berlín. Todavía le duraba el despecho la noche que observó en el noticiario a miles de alemanes en Checkpoint Charlie celebrando la eliminación de las restricciones para viajar de este a oeste. Pensaba en Fritz y en lo felices que estarían en medio del tumulto, disfrutando de lo que tantas veces pensaron que nunca ocurriría. Pero luego de varios segundos se dio cuenta de que eso hubiese sido un disparate, porque ella era una mujer casada a quién no le convenía que la vieran paseando con un hombre que no era el suyo. Sí, Andrea estaba casada hacía nueve años con Heinrich, pero cada vez que se escapaba al apartamento de su amante hacía todo lo posible por olvidar ese detalle ahogándolo en la gran piscina de la culpa, aunque a veces la conciencia es como una pelota de goma imposible de hundir en el agua.

¿Cómo llegan dos desconocidos a convertirse en amantes viviendo en un Berlín vigilado por todas partes?

Lo conoció en el parque durante la primavera cuando

él se ubicó a unos cuantos metros de donde ella estaba y empezó a tocar el saxofón. Luego de interpretar varias melodías se acercó para saludarla como si la conociera y, en efecto, habían trabajado juntos en el instituto donde Andrea dictaba cursos de Historia y él dirigía el coro. Durante una hora el músico conversó de varios temas y ella se limitó a escucharlo porque temía que cualquier persona que se le aproximara fuera un informante de la Policía Secreta —la Stasi, como le llamaban en Alemania Oriental— y se comportaba como si supiera que había micrófonos por todas partes.

Los encuentros casuales se convirtieron en citas, y continuaron viéndose casi todos los días en el mismo parque. Dos semanas después, Fritz la invitó a su apartamento para entregarle unos documentos que todavía conservaba de cuando trabajaba en el instituto. Andrea se había ofrecido a hacerle el favor de devolverlos y asistió al encuentro a pesar de que durante el trayecto se recriminaba en silencio por comportarse como si estuviera soltera. La flagelación mental le duró hasta que lo escuchó tocar el saxofón solo para ella. Encerrados en aquel refugio pequeño donde la cama era el único lugar para sentarse, terminó metida entre las sábanas con el músico. Salió de allí prometiéndose que jamás volvería, pero tan pronto se levantó a la mañana siguiente lo primero que hizo fue tomar el autobús hasta el estudio y tirarse en la cama para sentir las manos del músico sobre su piel caliente. Se obsesionó con los besos que su boca útil le depositaba en la espalda cuando ella se sentaba a vestirse para regresar a la casa. Pensó que la emoción de un hombre nuevo le duraría por unas cuantas semanas solamente. Estaba segura de que amaba al marido y además se sentía conforme con su vida. Siete meses después todavía estaba con Fritz, y aquel jueves a finales de octubre cuando enganchó el teléfono después de conversar con él no se imaginó que sería la última vez que lo escucharía.

Cuando transcurrieron los primeros días sin recibir ninguna llamada del amante, pensó que quizás estaba enfermo. Aunque nunca lo visitaba sin coordinar con él la estrategia para verse a escondidas, decidió ir hasta su estudio en la calle Holstein. Lo que encontró fue un rótulo con dos palabras: *Se alquila*. El dueño le informó que había empacado lo que encontró en el estudio para echarlo a la basura.

—Lo vi salir con una mujer rubia y después no regresó más.

«Está vivo y anda con otra», pensó. Por primera vez comenzó a buscarlo sin angustia. Ahora era rabia lo que la empujaba a encontrar el hombre que la dejó como si fuera un libro que no dieron ganas de leer completo. Le extrañó que Fritz no hubiese ido a buscar sus cosas, pero en ese momento no tenía explicación para el comportamiento. No fue hasta varias semanas después que una compañera de trabajo le contó una historia que le templó la sangre: un vecino de la mujer también había desaparecido unos días antes de la caída del Muro. Recién se había enterado de que el hombre era un *inoffizielle mitarbeiter* de la Policía Secreta y, al parecer, por sus conexiones con el gobierno comunista supo antes que el resto de los alemanes que el régimen estaba en peligro.

—Se llevó todo lo que podía incriminarlo, pero dejó los muebles y la ropa.

Esa noche Andrea la pasó limpiando la cocina. Sentada en el piso escondía la cara en los gabinetes para que su esposo no la viera llorar. Entendía que ya había resuelto el gran misterio de la desaparición. Su comportamiento coincidía con el del hombre de la historia que le habían contado. Si su amante era un informante no oficial de la Policía Secreta, ella había puesto en riesgo no solo su libertad sino también la de Heinrich. La cabeza se le llenó de imágenes horribles de todo lo que pudo haber ocurrido. Pensó en las veces que ella le había comentado que su esposo a veces llegaba tarde y no sabía en qué misterios andaba. De seguro le ordenaron a Fritz que la vigilara y el muy canalla decidió seducirla para obtener más información. Se vio de repente como la protagonista de uno de esos relatos de terror que todos en el país conocían acerca de personas que llegaban un día a su casa y se encontraban con que un representante de la Stasi los estaba esperando para llevarlos a interrogatorios de los que muchas veces no regresaban.

Cualquier persona podía ser un informante. Además de los noventa y siete mil oficiales que hubiesen sido capaces de entregarle a las autoridades hasta el olor de un sospechoso dentro de una frasco de cristal, antes de la caída del Muro había más de trescientos mil *inoffizielle mitarbeiter* en todo el país; uno por cada sesenta y tres habitantes. Podía ser un vecino, el repartidor de periódicos, la señora que despachaba los alimentos en el mercado, el médico de cabecera de la familia, el marido de una hermana. Si la fuerza de colaboradores de la Stasi continuaba creciendo, hubiese llegado el momento en que no tendrían a quién espiar. Pero ahora el nuevo gobierno prometía no invadir la privacidad de los alemanes y la Policía Secreta estaba clausurada. «Como pude ser tan estúpida», se cuestionaba. «Tanto que me cuidé de no hablar con desconocidos, de no dar información ni a mis amigos, y terminé convertida en la amante de un espía».

Decidió dedicarse a hacer feliz a su marido, a quién le agradecía que nunca hubiese sospechado que ella lo engañaba. Creía que la falta de malicia por parte de Heinrich se debía a que ella no le dio ningún motivo para que dudara de su lealtad. A pesar de haber tenido que lidiar con las restricciones de tiempo que le imponía su vida como la amante de Fritz, nunca se tardaron más de lo debido en sus encuentros e hizo todo lo posible por no faltar a sus deberes conyugales. Además, el asunto de la infidelidad le parecía inconcebible, pero tan excitante como tirarse en paracaídas. Sin embargo, ya todo había terminado y no tenía dudas de que el amante nunca regresaría, de que ese cobarde, como ella lo llamaba, no le daría la cara jamás. Eliminar a Fritz de su pensamiento había sido difícil porque el amor se le diluía junto a una rabia que no la dejaba dormir. Poco a poco se cansó de llorar hasta que, tres meses después de la desaparición, el recuerdo del amante colgaba estrujado en el largo cordel de una vida que pudo haber terminado en la cárcel por culpa de su indiscreción. Empezó a sentir por Heinrich un cariño purificado por la decepción que había vivido con el otro y, aunque antes pensaba que eran felices y que su aventura había ocurrido porque no fue capaz de controlar sus deseos, cuando volvieron a estar solos se dio cuenta de dos cosas: que nunca sentiría por él la pasión urgente que le despertaba el amante y que la felicidad que creía vivir en su matrimonio no venía de la relación con su marido, sino de la satisfacción tan grande que le producía Fritz, suficiente para tapizar cualquier carencia que le estorbara.

Dos años después de la caída del Muro, el nuevo gobierno decidió permitirles a los ciudadanos visitar las oficinas de la Stasi para recoger los expedientes que se conservaban en miles de cajas. El país que antes estaba dividido ahora era uno solo. Andrea no le prestaba mucha atención a lo que ocurría y tampoco comentaba lo que escuchaba porque aún conservaba el hábito de no hablar con nadie. Tampoco confiaba en que las cosas realmente hubiesen cambiado. A veces pasaba por la puerta de Brandemburgo y veía las ruinas de lo que había sido una estructura imponente, rodeada de puntos de vigilancia y protegida por hombres en uniforme fieles al régimen. Ahora el Muro era solo pedazos quebrados de cemento destruidos a martillazos o derribados por la maquinaria que contrató el gobierno. Pero arrancar la pared no borraba la historia que se quedaría escrita para siempre en el mismo sitio y en el muro imaginario que todavía tenían los alemanes en la cabeza.

Andrea tardó unos meses en atreverse a ir a buscar su expediente. Tenía miedo de que confirmar sus sospechas le trajera de nuevo alguna nostalgia con la cual no tenía deseos de enfrentarse. Sin embargo, la curiosidad por conocer las razones que tuvo Fritz para convertirla en víctima de su fidelidad al gobierno le parecía a veces razón suficiente, y así fue como un día llegó hasta las oficinas de la Stasi en Lichtemberg a llenar una solicitud para autorizar que los empleados le entregaran los documentos con su nombre. Allí, sentada en una silla de una oficina deteriorada y mustia, tuvo la sensación de estar atravesando un lugar donde había ocurrido algo importante, de lo que ya solo quedaba un recuerdo.

A los tres meses recibió una notificación indicándole que habían encontrado información acerca de ella, por lo que podía dirigirse a las oficinas para que le entregaran el material. Tomó un taxi hasta el lugar que mencionaba la carta, se registró con la recepcionista y esperó sentada hasta que la llamaron para que entrara a revisar los documentos. Se llevó la primera sorpresa del día cuando se encontró de frente con la prima Gitta. No tenían una buena relación porque habían vivido separadas por el Muro durante demasiados años. Se trataron con cortesía, pero sin cariño. Ella fue la encargada de entregarle el expediente: una tarjeta de menos de cinco pulgadas con información de su nombre, dirección y fecha de nacimiento, además de algunos detalles de un viaje que había hecho a Berlín del Oeste dos meses después de aquella primera tarde en el parque.

—¿Esto es todo? —preguntó.

—De muchas personas solo encontramos esas tarjetas. Parece que fuiste objeto de interés por poco tiempo —contestó Gitta antes de dejarla sola.

Tan poca información la dejaba de nuevo sin contestaciones. Después de pensarlo por varios minutos, llamó a Gitta y se arriesgó a pedirle un favor.

—¿Existe algún registro de informantes de la Stasi?

—Sí.

—Si te pido que busques un nombre, ¿puedes hacerlo? —preguntó Andrea.

—Me causaría problemas aquí.

—Por favor, Gitta. Creo que sé quién me estaba espiando y quiero confirmarlo.

Gitta fue a su escritorio y regresó con un papel y un lápiz para que anotara el nombre.

—Si puedo conseguir algo te avisaré. Tengo mucho trabajo y no sé cuánto me pueda tardar.

A los seis meses su prima la llamó para pedirle que pasara por las oficinas porque tenía información. Cuando Andrea llegó, le contó:

—No encontré su nombre en los expedientes que tenemos registrados. Pero, por curiosidad, verifiqué también entre los vigilados.

Le entregó un expediente grueso que tenía más de cien páginas de información. En la primera estaba el nombre, y la dirección del amante. No tuvo dudas de que se trataba de él.

—Tienes quince minutos para revisarlo.

Andrea encontró transcripciones de conversaciones y fotos en el parque tocando el saxofón que le trajeron recuerdos de sus manos suaves. Cerró los ojos y volvió a vivir en pocos segundos la misma alegría refrescante que sentía cada vez que se encontraba con él. Pasó las páginas rápido tratando de agarrar palabras claves: líder, organización, reuniones clandestinas, atentar, gobierno. Se fijó en una fecha: 11 de octubre de 1989, el cumpleaños de su hermana. Había pasado todo el día con Fritz. Sin embargo, existía un informe de una reunión en las afueras de la ciudad convocada por él. Un nombre clave se repetía: IM Kryptos, con el número de registro 98464. Se adelantó hasta las últimas páginas y encontró el reporte final escrito el 25 de octubre de 1989 por la oficial Ernsta

33

Brant, que explicaba lo que sucedió: el Sr. Shulze había sido detenido y estaba en la prisión de Hohenshönhausen esperando juicio. «Si aquí hay informes falsos, entonces le inventaron un caso», pensó.

Se dirigió al escritorio de Gitta para contarle sus sospechas.

—Eso era normal durante el régimen. No sé cómo pudieron soportarlo por tanto tiempo.

—Pero este hombre fue a la cárcel porque alguien se empeñó en hacer creer que estaba conspirando contra el gobierno. Yo lo conocí bien, y creo que él no tenía nada que ver con lo que dice aquí.

Gitta siguió archivando los papeles que tenía en la mano. Andrea se impacientó.

—Por favor, Gitta. Ayúdame. ¿Qué quiere decir IM?

—*Inoffizielle mitarbeiter*. Déjame verlo.

Gitta abrió el expediente para revisarlo.

—En alguno de los papeles tiene que aparecer el nombre. Muchos informantes entregaban los reportes escritos a mano, y los empleados de la Stasi tenían que mecanografiarlos. Si no entendían la firma solo transcribían el nombre en clave.

Buscó en las páginas del medio que estaban desorganizadas y empezaban a tornarse amarillas.

—Aquí está —le extendió un papel—. Si te fijas en una esquina está la firma y en la otra aparece el nombre.

Tan pronto Andrea miró el documento identificó las letras entrecruzadas y las curvas de las minúsculas. Sintió martillazos en el pecho. Hubiese reconocido esa rúbrica en cualquier lugar que la viera. Once años casada con un hombre que atraviesa su firma con dos líneas paralelas. Y un golpe imaginario, recio y violento, acaba por quebrarle la vida en pedazos.

Trenes como en Londres

Considera la conexión de todas las cosas.
Reflexiona acerca de la multitud de eventos
que suceden a la vez en cada uno de nosotros
y no te sorprenderás de que muchos
de esos eventos, o todos, existen
simultáneamente en la unidad que
llamamos Universo.

Marco Aurelio

MYRIAM

Hoy llamó un señor de apellido raro. Preguntó si tenía alguna dirección o número de teléfono para contactar a Hasib. Le dije que no. Se quedó en silencio unos segundos antes de enganchar sin dejar mensaje. Es cierto, sé muy poco de mi compañero, pero aunque hubiera tenido la información, ¿cómo voy a hablar de él sin su permiso? No se lo dije a nadie porque en la oficina prohíben las llamadas personales. Escribí una nota y se la pasé a Hasib cuando lo vi en el pasillo.

—¿Dejaron mensaje? —preguntó en voz baja.

Le dije que no y me quedé mirándolo. Guardó el papel en el bolsillo de la camisa y se fue. Me siento como una tonta porque pude haberle hecho alguna pregunta al señor que llamó y así hubiera tenido más tema de conversación con Hasib. Siempre busco excusas para hablarle y hoy tuve la oportunidad, pero la arruiné. Soy un desastre.

HASIB

Tereq llamó al trabajo. Debe ser que pasó algo importante. Qué mala puntería tuvo con la hora, el teléfono sonó en el momento que yo estaba con Blitzer en su oficina. Menos mal que contestó Myriam; sé que ella no lo comentará con nadie. Esa estupidez de prohibirnos las llamadas personales... Ahora tengo que esperar a la hora de almuerzo para usar el móvil.

Myriam abrió los ojos cuando le pregunté si el que llamó había dejado algún mensaje. Casi no le salieron las palabras, me dijo que «no» con cara de pena, como si fuera su culpa que ahora yo no supiera para qué llamaron. Parece que le da miedo hablarme. Miedo. Susto. ¿Acaso es que no quiere que la vean conmigo? No tiene que preocuparse porque apenas la miro, no me interesa nadie de los que trabajan aquí. A veces observo cuando John Ritwell le da instrucciones. Ella se levanta de la silla y va al archivo. Busca papeles, guarda papeles. Es rubia, flaca y tiene pecas. Y el pelo suelto le queda bonito.

La oficina está llena de señores pálidos y canosos. Las cortinas que tratan de adornar las ventanas son blancas. A veces siento que estoy en un hospital. Myriam y yo somos los más jóvenes. Si no fuera porque necesito el dinero ya hubiera renunciado. Odio estar aquí.

PHILLIP

Anoche estuve despierto hasta tarde viendo las noticias. Parece que van a otorgar la sede de las olimpiadas a Londres. Faltan siete años, ni siquiera sé si estaré vivo para esa fecha. En otros tiempos hubiera querido ir con mi familia a ver algún evento, pero cuando Marie murió me di cuenta que solo los ignorantes hacen planes para el futuro. No tiene sentido pensar que todo va a estar bien. La vida es como una cordillera y es imposible ver lo que hay detrás.

A la una de la madrugada noté que había luz en la habitación de Myriam. Durante el verano se desvela hasta muy tarde. No me sorprendería que padezca de insomnio como su mamá, que se acostaba, daba vueltas en la cama y se levantaba varias veces en la noche. En la mañana la encontraba con Myriam, abrazadas entre peluches y muñecas. Imagino que la extraña tanto como yo: nos hace falta a la hora de dormir. Quizás por eso es el desvelo o a lo mejor es otra cosa. Creo que aunque se lo pregunte no va a responder y si me cuenta algo de seguro no dice la verdad. Los jóvenes tienen una habilidad asombrosa para esconder lo que sienten. La timidez se ha apoderado de ella y, desde que murió su madre, ha sido peor.

Comprendo que haya cambiado un poco porque yo también lo he hecho. Ya no llego temprano a la librería ni preparo el café que se vende en las mañanas entre la gente que va a comprar el periódico. Fue idea de Pásquel; un día preguntó con su acento francés por qué no vendíamos café además de libros. Empezamos con una máquina de capuchinos y al cabo de unos meses ya teníamos una pequeña cafetería.

Ahora Pasquel se encarga de esas tareas. Entre siete y nueve de la mañana las calles de Leeds se abarrotan de personas desesperadas por llegar a los trabajos. Ya no soy uno de ellos. Desde que Marie murió no me levanto temprano. Permanezco en la cama hasta las diez para tener la sensación de que el día es más corto y son menos las horas que debo estar despierto.

MYRIAM

Anoche escuché a papá en el corredor. Parece que se dio cuenta que era tarde y todavía se escuchaban ruidos en mi cuarto. Otra noche más de insomnio. Antes me acostaba, apagaba la luz y daba vueltas en la cama toda la noche, pero ahora tengo cosas que hacer. ¿Para qué disimular que estoy dormida? Ya soy adulta y puedo quedarme despierta si quiero. Me senté frente a la computadora a leer un rato. Encontré un artículo en Internet acerca de los musulmanes en Inglaterra y pensé en Hasib. Ah, Hasib.

Imaginé que a esa hora ya estaría dormido, y que no tendría pesadillas, creo que ni siquiera sueña. Es tan serio.

Una vez coincidimos a la hora de almuerzo en el salón de descanso y hablamos de la familia:
—¿De dónde son tus padres?
—Turquía.
—Yo vivo en la calle Bretón, ¿y tú?
—En Colenso Mount
—¿Solo?
—Con mi hermano Imran y mi cuñada Shazia.

Le dije que ese era un nombre muy bonito y me quedé callada. Quería hacer más preguntas, como a qué universidad iría cuando termine el verano y si tiene novia, pero se me hace difícil hablarle. No creo que a él le guste mucho conversar conmigo. ¿Será así con todas las chicas? Cuando estamos en la oficina envía por correo electrónico lo que tiene que decirme a pesar de que nuestros escritorios están a menos de cinco pies de distancia. ¿Se supone que, si le intereso, él haga un intento de acercarse? A lo mejor es tímido, como yo. ¿Lo estoy justificando? No... Sí, lo estoy justificando. Otra vez busco excusas

HASIB

Los drogadictos y las prostitutas que merodean la estación de King's Cross no saben lo que les espera. Tareq tiene que estar en Edgware Road y tomar el tren hacia Paddington, al oeste. Shehzad abordará el 204 que viaja al este vía Liverpool y Aldgate. Germaine subirá al de la Picadilly Line en dirección al sur hasta Rusell Square. Yo viajaré en el Northern Line hasta Morden por el norte. Una cruz de fuego perfecta.

Hoy le dije a William Berry, otro de los cara-de-cortina-blanca, que no puedo trabajar el lunes. Me miró con coraje, lo noté. Se lo informé por cortesía. Ya no importa si me despide.

—¿Puede ser el martes? —preguntó
—No, tiene que ser lunes. Es importante.
—Myriam también pidió ese día libre.

Qué gran problema… no van a tener quién sirva el café, saque las copias y conteste el teléfono. Por primera vez en todo el verano tendrán que levantar sus traseros de la silla.

PHILLIP

No quiero recordar que cuando termine el verano Myriam regresará a Londres. Ya está en segundo año de universidad. El primero fue el peor; Marie había muerto cuatro meses antes. Todavía siento como si se muriera otra vez todos los días porque en las mañanas tengo el mismo mal presentimiento y por las tardes cierro la librería antes de las seis, como hacía cuando tenía que ir a verla al hospital. A veces pienso que Myriam quiso irse para olvidar un poco su tristeza, pero creo que no debió abandonarme. No me atreví pedirle que se quedara porque estaba muy ilusionada con estudiar en Londres. Por lo menos las ganas de verla se calman cuando regresa en Navidad y verano.

Hoy me dijo que el lunes tiene que ir a resolver algo de la universidad. Me gustaría acompañarla, pero nunca pide que vaya con ella. Solo vamos juntos al cementerio. Sospecho que va otros días por su cuenta porque llega con los zapatos sucios de tierra. Myriam es tan solitaria, ¿tendrá amigos en la universidad o en la compañía para la que trabaja?

Después de la muerte de Marie compré muchos libros acerca de cómo sobrevivir cuando muere una persona que amas. Los hojeé todos, preparé un cuaderno para anotar comentarios acerca de lo que podía ayudarnos a Myriam y a mí y después se los entregué a Pasquel para que los vendiera en la librería. Algunos, los que ofrecían instrucciones «paso a paso» o «consejos prácticos», como si estuvieran hablando de una dieta o de sembrar tomates, ni siquiera los terminé de leer. Mucha gente me decía que tratara de ser la persona que fui antes de conocer a mi esposa. Hace 26 años de eso, no tengo idea de cómo uno se convierte de nuevo en un joven optimista y ambicioso. Otro libro decía que la expectativa de vida de los hombres se reduce cuando quedan viudos, y eso sí me asustó. No quería pensar en dejar a Myriam sola; perder a su madre y a su padre sería muy fuerte para mi niña.

Un psicólogo de Alemania dice que algunas personas experimentan el dolor como una montaña rusa con altas y bajas. Qué no daría yo por vivir una de esas «altas»; siempre estoy de baja, como si la energía cinética de la pena me impulsara hacia abajo cuando empieza el recorrido y al llegar al final me obligara a retroceder por la misma vía plana una y otra vez.

Voy a levantarme a las cinco de la mañana a prepararle café a Myriam. Quiero verla antes de que se vaya.

MYRIAM

El viernes en la tarde le entregué a William Berry las carpetas con el reporte de Anderson y Compañía. Me dijo que Hasib tampoco va estar en la oficina el lunes. ¡Que bien! Si tiene que faltar, que sea el mismo día, así no tengo que estar en la oficina sin verlo.

Hoy le dije a papá que mañana iré a Londres. Lo noté triste. Sabe que cuando termine el verano regresaré a la universidad. Me gustaría que me visitara durante el semestre como hacen los papás de mis compañeras, y que saliéramos a comer y que nos sentáramos a conversar acerca de las clases, y las chicas y los chicos y los profesores. Pero no creo que él salga de Leeds para nada; ya solo va de la casa al trabajo. No le gustan los trenes ni los taxis. Si vamos a ver la tumba de mamá caminamos por media hora, ida y vuelta. Yo no protesto porque pienso que así estamos más tiempo juntos. Se está poniendo viejo y me da pena dejarlo solo. ¿Está mal que no quiera quedarme en la casa y olvidarme de Londres? No quiero hacer un sacrificio tan grande. Soy una hija que abandona a su padre. Una tonta enamorada de Hasib.

Hasib. Otra vez Hasib. No va a estar mañana en la oficina. ¿Le pasará algo a él o a su familia? No me atrevo a preguntarle. Sus papás viven en Quarry Hills, a lo mejor irá a visitarlos. La única vez que hablamos de ellos dijo que hace más de veinte años que llegaron a Inglaterra. Le pregunté si se habían acostumbrado a los tumultos, al idioma y a la comida; debe ser difícil vivir en un país y luego mudarse a otro.

Hoy tengo que dormir, si no mañana va a ser difícil levantarme cuando suene el despertador a las cinco. Por favor insomnio, aunque sea por una noche, déjame descansar.

HASIB

Tareq, Shehzad y yo nos encontramos frente a Hyde Park, cerca del Marble Arch. Estaba lloviendo y hacía frío, este es otro de esos veranos que no lo parece. Tomamos el autobús hasta Dalston y luego caminamos al apartamento que nos indicaban en las instrucciones, un sótano pequeño y vacío donde trabajamos toda la noche. Ahora tengo lo que necesito en la mochila. En la mañana fuimos a la estación de Luton para encontrarnos con Germain. De ahí tomamos el tren de regreso a Londres.

Nos bajamos en King's Cross. Cada quien sabe lo que tiene que hacer. Me tocó la estación más lejana.

MYRIAM

Papá se levantó temprano. Tenía listo el café cuando llegué a la cocina. Preparé tostadas para los dos con poca miel como a él le gustan y nos sentamos unos minutos a comer. Me preguntó si necesitaba dinero y dije que no. Le di un beso en la mejilla antes de irme. Noté que la ropa le quedaba grande y las manos le temblaron un poco. Quedarme con él me deprime, pero esta mañana recordé cuánto lo quiero. De repente sentí el pecho caliente y no fue el efecto del café. Era algo más. Un momento que no fue acerca de mí, la universidad o Hasib. Lo importante era papá, aunque solo por unos segundos.

Llegué a la estación del tren de Leeds a las seis de la mañana. Me senté al lado de la ventana, doblé el abrigo para usarlo de almohada y me recosté para dormir un poco en lo que llegamos a Londres.

HASIB

¡No es posible, no! La estación está cerrada, hay un vagón con desperfectos. Dicen que tardará casi una hora arreglarlo, pero no puedo esperar. Son las 8:40, mis compañeros deben estar listos para la misión. Estoy en medio de este caos. No voy a poder completar la cruz de fuego. Tengo que salir de aquí para encontrar la forma de alcanzar un objetivo. Voy a subir las escaleras hasta salir a la calle. Algo se me tiene que ocurrir.

MYRIAM

Me quedé dormida en el tren. Soñé que Hasib y yo estábamos en el tope de un edificio observando la ciudad. Lo sentí tan cerca que podía mirarle los ojos y hasta contarle las pestañas. Qué malo que ya llegamos y tuve que despertar.

El Northern Line está cerrado. Dicen que hay que reparar un vagón. Puedo esperar, pero eso me atrasaría. Quiero regresar temprano en la tarde a Leeds. La alternativa es ir a Euston, abordar el autobús de dos niveles hasta Hackney Wick y tomar un taxi hacia la universidad.

Camino a la estación llamé a papá para decirle que no se preocupe si escucha en las noticias que hay problemas en el tren de Londres.

HASIB

Qué casualidad que en Londres todos los autobuses son rojos. El color más apropiado para esta mañana. Voy a caminar hasta Euston y tomaré uno. De todas formas estoy atrasado, ya deben haber ocurrido las primeras explosiones. Grandioso Alá, gracias.

MYRIAM

Soy de las primeras en subir al autobús. Me siento atrás en el nivel de abajo, junto a una ventana para entretenerme mirando la ciudad. Hay mucha gente y se escuchan sirenas, debe ser porque el Northern Line no funciona. En la entrada todavía hay personas abordando. ¡No puedo creer lo que veo: es Hasib! ¿Qué hace en Londres? Lo miro y bajo la cabeza; todavía no sé si quiero que me vea. Tengo que arreglarme un poco... el pelo... Me miro en el cristal de la ventana y no me veo tan mal... necesito un poco de color en los labios. ¿Debo ir a saludarlo? Ya subió las escaleras. Si no voy al nivel de arriba no podré hablarle. Se va a hacer difícil salir de aquí porque hay una señora con un coche de bebé en el medio del pasillo. No creo que Hasib conozca mucho la ciudad, quizás puedo ofrecerle ayuda. Estoy nerviosa. Me levanto del asiento y llego hasta donde está el cochecito pidiendo excusas a todo el que tuve que empujar. La dueña notó mis intenciones porque lo movió un poco para que yo pudiera pasar. Aguanto la respiración para caber entre el poco espacio que tengo, aprieto la cartera contra mi pecho y me escurro hasta el final. Subo siete escalones y estoy en el nivel superior. Aquí está lleno también y no puedo ver hacia atrás. Voy a tener que empezar a empujar personas como hice abajo... poco a poco... Me siento bien, ya no estoy nerviosa... Ahora sí, estoy estancada a mitad, es imposible seguir. ¿Dónde está...? Ya lo vi... Solo distingo su pelo negro. Creo que cometí un error; debí haber esperado a que empezara a bajar la gente del autobús y así tendría más espacio. Estoy atrapada aquí, en el medio, sin poder avanzar. Siento que voy a hacer el ridículo. Ahora no quiero que me vea. Me quedaré aquí escondida y bajaré tan pronto pueda. Todo este esfuerzo para nada. Ya es hora de aceptar que no vale la pena lo que hago por Hasib. Esto debe ser una señal: por más que trate de acercarme a él, nunca voy a llegar.

43

HASIB

Si ayudas la causa de Alá, él te recompensará y plantará tus pies firmes sobre la tierra.

PHILLIP

Por lo regular antes de morir la gente dice palabras de despedida o arrepentimiento. Cuando no se sabe que es la última vez que hablamos, las oraciones puedes ser tan simples como «no te preocupes si ves en las noticias que hay problemas con el tren». Imagino a Myriam con el móvil en la mano pequeña de uñas sin esmalte. La veo caminando por la acera con el pelo suelto y el abrigo rojo amarrado en la cintura. La policía dice que fueron cuatro explosiones: tres en el sistema de trenes y una en el autobús de dos niveles. Entre los cincuenta y dos muertos están los atacantes suicidas. Si Myriam se hubiese sentado en el nivel de abajo estaría viva, pero por mala suerte estaba arriba.

Pasquel ha atendido el negocio durante estas semanas. No sé de dónde saca fuerzas para trabajar solo desde las cuatro de la madrugada hasta las seis de la tarde. Las ventas de periódicos se han triplicado. Las portadas muestran los titulares relacionados con el tema, fotos de heridos cubiertos de sangre, ambulancias, policías. El bombardeo ocurrió un día después que anunciaran a Londres como sede de las Olimpiadas y nadie se acuerda de eso. La gente está asustada, sin ganas de celebrar. En las noches no puedo dormir y por el día no me dan ganas de levantarme de la cama. Me duele la espalda de tanto estar acostado. Siento la cabeza como si fuera un túnel por donde pasan los trenes llenos de recuerdos de Myriam, de Marie; son trenes como en Londres, que explotan antes de llegar a su destino.

Los muertos son gente querida

Aquella noche de Navidad, yo estaba en la casa junto a mi familia. Por la diferencia de horas, en el sudeste asiático ya era la mañana del día veintiséis. Luis Ramírez era uno de los pocos reporteros que se encontraban en la sala de redacción. Hablé con él por teléfono y revisamos algunos de los titulares que se publicarían junto a las noticias acerca de un devastador tsunami que había azotado las costas de la zona.

—¿Por qué no le ponemos 'Castigo Divino' —dijo en referencia al hecho de que la tragedia ocurrió en la época en que los cristianos celebran el nacimiento de Jesús y en los países azotados por el maremoto dominaban las religiones musulmana y budista. Preferí ignorar su comentario con un silencio, el cual interrumpió con una risa burlona para decirme que había sido un chiste.

—¿Un chiste? —cuestioné.

—Sí, un chiste como el que le acaba de hacer Dios a todos estos infelices.

Discutimos acerca de algunos detalles. Después de colgar, pensé en lo poco que había conmovido a

Luis la noticia. Me preocupé por su falta de humanismo, aunque sabía que eso le ayudaba a crear reportajes fuertes y concisos. Mantenía una distancia envidiable en la narración; no había un resquicio de empatía, ni líneas sentimentales que corregir. A veces pienso que sus escritos describían cómo era él: una especie de humano que no encajaba con el resto del mundo, un añadido a mano al planeta que reportaba desde el tercer cubículo de la sala de redacción. Confieso que en dos ocasiones publiqué noticias con detalles que debimos haber omitido para no afectar a los familiares de las víctimas. Recibimos críticas mixtas por eso aunque logramos que se hablara de nosotros hasta en la radio y me invitaron a ofrecer conferencias en varias universidades acerca de las 'nuevas tendencias en el periodismo'. Esos minutos de fama inhóspita se los debo a él.

Al otro día de aquella conversación, los titulares de los periódicos describían el sismo como uno de los peores de la historia, con más de doscientos mil muertos distribuidos entre Indonesia, Sri Lanka, India y Tailandia. Con tantos cadáveres hubiese sido creíble escribir que el olor a muerte había llegado al Caribe, un detalle que parecía solo una pincelada de realismo mágico, pero que días después casi se convierte en verdad gracias a Luis Ramírez.

Cada vez que recibimos en el periódico noticias de alguna tragedia internacional, lo primero que hago al leer los cables de información es buscar la localización exacta del incidente. Si es fuera de Estados Unidos, me comunico con la embajada norteamericana o con los hospitales para investigar la posibilidad de que entre los afectados haya algún puertorriqueño. A veces las personas llaman al periódico para decir que tienen familiares que viven o están de visita en el área y tratamos de ayudar para que puedan contactarlos. Me gusta encargarme de estos asuntos. Es una curiosidad natural y una forma de acercar la noticia al lector local para quien las explosiones en mezquitas o una guerra en Bosnia pudieran parecer ajenas. Como siempre, traté de conseguir las listas de afectados, aunque pensaba que la posibilidad de encontrar un puertorriqueño era tan remota como la zona en que ocurrió el desastre. Me equivoqué.

Sylvia Ledesma y Arturo Méndez se casaron el diecisiete de diciembre a las tres de la tarde en una ceremonia civil realizada en Humacao. Solo invitaron a los padres y a unos cuantos amigos que los acompañaron luego a comer en un restaurante cerca de la playa. Esa sería su única celebración, ya que ambos habían invertido gran parte de sus ahorros en un viaje de luna de miel a Tailandia, al cual partieron el sábado siguiente. Supe esta información por Luis Ramírez, quien se encargó de entrevistar a los padrinos de la boda. Me sorprendí al leer el artículo que había preparado con los detalles de las últimas horas de la pareja en Puerto Rico y una foto que tomaron los padrinos minutos antes de que la pareja abordara el avión. Le asigné la cobertura diaria de todo lo relacionado con esta historia. Preparaba sus reportajes y no hacía comentarios. Pensé que su sarcasmo y apego al morbo habían desaparecido. En algunas ocasiones, su cinismo me molestaba más que los errores en la redacción o la ausencia de un buen párrafo inicial.

Al primer artículo le sucedió otro acerca de la búsqueda de los cadáveres por parte de los familiares que viajaron hasta Tailandia. Gracias a un equipo de identificadores enviado por Dinamarca y dirigido por un médico español, lograron encontrar los cuerpos en una morgue localizada a ciento veinticinco millas del Princess Resort. Los restos arribaron a Puerto Rico once días después de la tragedia. Dos ataúdes cerrados se expusieron en la Funeraria San Agustín de Humacao por unas veinticuatro horas, poco tiempo para la gran cantidad de curiosos que llegaron hasta el pueblo. A las siete de la noche Luis Ramírez entregó su crónica con opiniones de familiares, conocidos y hasta la del Alcalde. La pareja se había convertido en gente querida para muchos que ni siquiera los conocían porque las circunstancias de su muerte les parecían injustas. Por eso tuve que llamarle la atención a mi joven compañero cuando incluyó como parte de los detalles que, pasadas las cuatro de la tarde, la funeraria se impregnó de un olor a cuerpo descompuesto. Publicar eso hubiese herido la sensibilidad de un pueblo que se preparaba para darle a esta historia el final feliz que no tuvo, con dos féretros cubiertos de rosas rojas y un violinista que interpretaría canciones románticas mientras los enterraban.

48

Le molestó que eliminara esa información de la crónica que aparecería al otro día en la página principal. Dijo que si no la incluíamos, reportaríamos lo mismo que los otros periódicos y él era el único periodista en la sala de la funeraria cuando el olor se comenzó a percibir. Me explicó que los cadáveres de ahogados desarrollan un gas en los tejidos que causa un olor insoportable. El embalsamamiento toma tiempo adicional, además de que tiene que hacerse con materiales especiales, los cuales probablemente no estaban disponibles en Tailandia dada la cantidad de muertos. Por más datos científicos que mostró, no logró convencerme. Me miró a los ojos con el ceño fruncido, ese gesto que no fallaba y que ya había identificado como la señal de un nivel alto de disgusto. No hablaba, solo escuchaba mis comentarios acerca del respeto por el dolor de otros y el impacto de un drama como este en la psiquis de los puertorriqueños.

Se levantó de la silla sin dejar de mirarme. Tomó los papeles que había puesto sobre mi escritorio y ni se molestó en ordenarlos.

—Todos saben que los muertos apestan —dijo antes de salir malhumorado por la puerta de mi oficina.

A veces, al recordar el incidente, me pregunto si debí haberlo detenido y no dejarlo ir hasta que entendiera por qué hubiese sido un error publicar lo que él quería.

Quizás ese era el momento perfecto para escarbar en su indiferencia hasta encontrar una pizca de piedad que evitara situaciones similares en el futuro. En mis años como editora había moldeado el estilo de muchos periodistas jóvenes, pero tengo que aceptar que no pude hacerlo con Luis Ramírez.

Una semana después, dejó de trabajar en la sección que yo dirigía porque le asignaron cubrir las noticias de política. Meses después me enteré de que había renunciado.

Por las notas que ha publicado en el periódico para el que trabaja ahora, me doy cuenta de que no ha cambiado. Le va muy bien y hasta labora los fines de semana para el noticiario de un canal de televisión. Es uno de los reporteros más conocidos de su generación. Acá en la redacción he trabajado con otros novatos que se declaran admiradores de Luis Ramírez y tratan de imitar su estilo. Me pregunto si vale la pena corregirlos o si en realidad debo aprender de ellos a darle un nuevo giro a mi forma de escribir noticias. Prefiero pensar que es lo primero, pero no estoy segura.

Sin punto final

«Quiero serle franco… pese a nuestro cañoneo
contra esa muralla que se llama Marina, no
hemos podido perforarla».

Vicecanciller militar Carlos Cavándoli
a Ragnar Hagelin para
explicar por qué no habían encontrado a su hija.

28 DE NOVIEMBRE DE 1979

Ragnar Hagelin terminó de releer una copia de la carta que le habían entregado en la embajada sueca hacía poco más de un año. Conservaba en un baúl del ático todos los documentos relacionados con la desaparición de su hija Dagmar. Eran veintiocho hojas con sus anotaciones al margen. Se destacaban las misivas intercambiadas entre los gobiernos de Suecia y Argentina escritas en un lenguaje diplomático repleto de eufemismos. Al final, todo se resumía a que los suecos pedían cuentas por la desaparición de la joven y los argentinos contestaban que, por más que buscaban, no la encontraban en ningún sitio.

El mismo día que ocurrió el evento, Hagelin había visitado la comisaría de El Palomar junto a su amigo Néstor Geller, un suboficial principal de la Armada. Fue la primera persona a la que llamó cuando se enteró de lo que había pasado. No sabía por dónde empezar a buscar a su hija, por lo que pensó en el militar para que lo orientara.

En la comisaría les indicaron que no tenían detenidos.

Recorrieron los hospitales de la zona con el miedo de que Dagmar hubiese sido herida en alguno de los tiroteos que el gobierno militar realizaba a diario para asustar a los jóvenes, pero no la encontraron. Hagelin se dirigió a la embajada sueca. Su condición de ciudadano de ese país le otorgaba el derecho a solicitar asistencia diplomática. Cuando llegó ya eran pasadas las diez de la noche y la oficina estaba cerrada. Geller le dijo que era mejor volver temprano en la mañana.

—Si se la llevaron para interrogarla puede ser que la suelten de madrugada. Solo retienen a los sospechosos —indicó el suboficial principal.

Regresó a su apartamento a descansar un poco. A las siete de la mañana llamó la madre de Dagmar para contarle que una comitiva de militares había allanado su casa antes del amanecer. El jefe a cargo del operativo le informó a la mujer que su hija estaba detenida por terrorista. Abandonaron el lugar sin dar más detalles.

Hagelin fue de inmediato a reunirse con el embajador Per Bertil Kollberg para contarle lo que sabía: su hija de diecisiete años estaba desaparecida. Había salido en la mañana del día anterior a visitar una amiga y no regresó a dormir. También relató el incidente del allanamiento que, según él entendía, demostraba la gravedad del asunto.

Una dictadura gobernaba el país luego del golpe de estado que derrocó a la presidenta María Estela Martínez de Perón en marzo de 1976. La junta militar estableció una persecución contra los guerrilleros y todos los sospechosos de colaborar con ellos. Hagelin había escuchado en las noticias los reclamos de familiares de detenidos que alegaban que estos se convertían en 'desaparecidos' una vez se los llevaban para interrogarlos. Jamás pensó que pasaría por una situación similar. Ni siquiera era argentino. Nació en Suecia en el 35 y emigró a Buenos Aires a principios de los años sesenta junto a sus padres, quienes vinieron a establecer un negocio de exportación de carnes a Europa.

Recién llegado se enamoró de una provinciana con la que se casó y tuvo dos hijos. Dagmar era la mayor. Luego del divorcio se quedó en el país porque no quería estar lejos de los chicos. Se veían todos los fines de semana. Compró un edificio pequeño con el dinero que heredó de su abuelo sueco y alquiló el primer piso a tres comerciantes. Vivía en la segunda planta, donde tenía un taller de reparación de antigüedades. La desaparición de Dagmar cambió su rutina diaria y lo convirtió en parte de la historia de un país del cual, hasta ese momento, se sentía ajeno. Para Hagelin era imposible que el gobierno militar declarara que no sabía dónde estaba Dagmar. «¿Acaso no existe un registro de detenidos?», pensaba. Las cartas del embajador de Suecia eran cada vez más insistentes, pero los militares estaban decididos a hacer cualquier cosa por detener el acoso de los suecos.

Telegrama
19 de Julio de 1977.
Atención: Embajada de Suecia

POR MEDIO DE PROCEDIMIENTOS REALIZADOS POR FUERZAS ANTISUBVERSIVAS, SE LOGRO DETERMINAR QUE DENTRO DE LA TERRITORIALIDAD OESTE DE MONTONEROS, Y A CARGO DE PATO FELINI OPERABAN ENTRE OTROS ROXANAN Y PATRICIA (NOMBRES DE GUERRA).

PUDO DETERMINARSE QUE PATRICIA SERIA EN REALIDAD DAGMAR INGRID HAGELIN CUYOS DEMÁS DATOS SE IGNORAN. HASTA EL PRESENTE LA CAUSANTE CONTINUA PRÓFUGA, DESCONOCIÉNDOSE EL DETALLE DE LAS ACTIVIDADES REALIZADAS DENTRO DE LA BANDA DE DELINCUENTES SUBVERSIVOS MENCIONADA, PERO SABIÉNDOSE QUE INTEGRARÍA EL APARATO MILITAR COMO COMBATIENTE, TENDRÍA INTIMA VINCULACIÓN CON UN OFICIAL DEL APARATO MILITAR DE COMBATE DE NOMBRE DE GUERRA BETO, CUYO PARADERO ACTUAL ES TAMBIÉN DESCONOCIDO.

El gobierno argentino se retractó de las acusaciones luego de que Per Bertil Kollberg pidiera evidencia y no pudieran proveerla. Hagelin estaba desesperado y rabioso ante la actitud de los militares. Percibía que no había razón para la detención de Dagmar: era una buena estudiante que estaba a punto de marcharse a disfrutar sus vacaciones de verano a Punta del Este en Uruguay. Sus amistades eran chicos de su edad que a él no le parecían sospechosos, aunque durante el llamado Proceso de Reorganización Nacional nadie gozaba de plena confianza. Imaginarse la cara de terror de su hija en el momento que era detenida le causaba pesadillas.

54

La intervención del gobierno sueco provocó que su causa fuese conocida en todo el país y el exterior. Eso aumentaba el riesgo de que otros miembros de su familia fuesen detenidos, por lo que la madre y el hermano de Dagmar se refugiaron en Suecia. Hagelin había recibido llamadas telefónicas con advertencias claras: «Es mejor que se quede tranquilo y deje de llevar chismes a los de la embajada sueca». Aun así, prefirió permanecer en la ciudad. Pensaba que si los militares se molestaban en amenazarlo era porque sus gestiones estaban dando resultados.

Trece meses después del secuestro, encontró una nota anónima en la casilla de correo de su apartamento:

Yo estaba en la calle San Marino el día que le desaparecieron a su hija los militares. La hirieron por la espalda y ella cayó al piso. Un militar alto y rubio la levantó del suelo y junto a otro que llegó la metieron al baúl de un coche y se la llevaron. Su hija tenía puesta una camisa de flores y un pantalón negro.

Hagelin envió la nota a la embajada sueca, lo que provocó que se escribiera otra carta al gobierno militar para indicar la información que habían recibido y así cooperar con la investigación. La contestación fue otra misiva de parte del ministro de Relaciones Exteriores en la que se confirmaba que, aunque el expediente reflejaba que era cierto que Dagmar había sido herida por un oficial de la Marina, todavía no la habían encontrado.

Desde aquél día de enero en que su hija no llegó a almorzar hasta esa mañana en que revisaba otra vez los documentos escondidos en el baúl habían transcurrido treinta y cuatro meses. Llevaba semanas sin subir al ático porque no había pasado nada nuevo en el caso. Buscar a Dagmar era su misión y dedicaba cada día a hacer gestiones, visitar oficinas gubernamentales o mostrar su foto a los que pasaban por la calle frente al edificio con la esperanza de que alguien la hubiese visto. Por la lentitud de los militares en ofrecer respuestas quizás hubiesen transcurrido algunos meses antes de tener algún documento que archivar en el baúl, pero la llamada que lo despertó ese día a las cuatro de la madrugada hizo que regresara al ático:

—Señor Hagelin, habla Norma Susana Burgos y sé lo que pasó con su hija.

2 DE DICIEMBRE DE 1979

El aterrizaje en el aeropuerto Barajas de Madrid ocurrió dos horas después de lo previsto. Ragnar Hagelin no durmió durante el trayecto de doce horas desde Argentina. El funcionario de la cancillería sueca que lo acompañaba, Martin Wilkens, apenas estaba despierto y se notaban en su cara los surcos de un mal sueño.

En las afueras del aeropuerto los esperaba un vehículo oficial enviado por la embajada sueca que los llevó al Hotel Catalonia. Cuando llegaron, Wilkens llamó a la secretaria para informar del retraso y confirmar un salón para la reunión que tendrían al siguiente día con Norma Susana Burgos.

En la habitación de al lado, Ragnar Hagelin estaba sentado en una butaca cerca de la ventana. No tenía ánimo para desempacar, pero tampoco quería dormir. Durante el tiempo que llevaba en la búsqueda de su hija se había permitido la esperanza de encontrarla viva. La posibilidad de no volverla a ver estaba escondida detrás de una pared imaginaria que no quería traspasar. Cada mañana se levantaba con la sensación de que ese día recibiría la llamada, el telegrama o la carta de la embajada que lo devolvería a su vida junto a Dagmar. Ya cerca de la hora del almuerzo comenzaba a disminuir el optimismo y a las tres de la tarde no le quedaba nada, solo ganas de que llegara la noche para tomarse una pastilla y dormir.

Agarró una libreta y un bolígrafo que encontró sobre la mesa de noche para escribir lo que le preguntaría a Norma Susana. No quería cuestionarse en ese momento qué posibilidades había de que la informante ofreciera datos falsos. La noche antes de salir de Buenos Aires mencionó el nombre de ella a su amigo militar sin decirle que iría a verla a Madrid. Siempre que podía comunicarse con él lo mantenía al tanto de los asuntos relacionados a la investigación que realizaba el gobierno de Suecia. Néstor Geller había sido ascendido a suboficial mayor y Hagelin confiaba en que, algún día, los contactos que tenía su amigo en la Armada podrían brindar información valiosa.

—Es la viuda de Carlos Caride, uno de los Los Montoneros —comentó Geller—. Esa mujer es una terrorista.

Cuando llegaron a la embajada sueca en la calle Caracas, ya Norma Susana llevaba media hora esperándolos. Era alta, delgada, de pelo negro y ojos verdes. Solo la falta de maquillaje evitaba que pareciera un maniquí de vidriera. Se reunieron en el Salón Karlsö. El canciller ofreció café, pero la mujer pidió un vaso con agua. Hagelin prefirió un pocillo de café negro sin azúcar. Norma

Susana tomó de un tirón todo el líquido que le trajeron y fue directo al punto:

—El teniente rubio que secuestró a su hija se llama Alfredo Astiz. Supe que estaba detenida cuando la vi en la Escuela de Mecánica de la Armada. Ese lugar es un centro de detención, funciona como una cárcel escondida tras la fachada de un instituto de educación para la Marina. Yo estaba allí porque los militares llegaron a mi casa el 26 de enero del 77 a las nueve de la mañana y me llevaron hasta la ESMA para un interrogatorio. Al otro día fui enviada al tercer piso. Cuando me quitaron la capucha vi a Astiz con Francis Whamond y en una camilla estaba acostaba Dagmar. Tenía sangre en el pelo y estaba consciente. Me llevé una sorpresa; jamás pensé que pudieran haberla detenido.

Hagelin estaba sentado en un sofá verde. A su lado el canciller tomaba notas de las declaraciones de la mujer.

—¿De dónde conocías vos a mi hija?

—La conocí en el verano del 75 en Villa Gessell. Me la presentó Edgardo Waissman, el segundo esposo de la madre de Dagmar. En diciembre del 76 murió mi hijito de dos años y Dagmar iba a visitarme con frecuencia porque sabía que yo estaba muy triste. El día que me detuvieron, los oficiales se quedaron en mi casa esperando a María Antonia Berger que también me visitaba. Escuché a Astiz y a Whamond comentar que confundieron a Dagmar con la Berger porque ambas eran altas, delgadas y rubias.

—¿Quién era María Antonia Berger? —preguntó el canciller.

—Una de las líderes de Los Montoneros —respondió la mujer.

Norma Susana pidió más agua y el canciller se levantó a buscarla. Hagelin permaneció callado. La mujer tomó el vaso que trajeron y lo puso en una mesa al lado del sillón en el que estaba sentada.

—¿Volvió a ver a mi hija?

—Sí. Whamond me llevó a los tres días de nuevo a ver

a Dagmar. Estaba esposada a la camilla y tenía un vendaje en la cabeza. El militar me agarró por los brazos y me colocó delante de ella. Le dijo: «Ves que la señora está viva y que vos también vas a vivir».

—Evidentemente —comentó Wilkens—, tenían intención de liberarla.

—No creo. La pudieron haber dejado ir el primer día cuando se dieron cuenta de que estaban equivocados, pero no lo hicieron. Cuando el Gobierno de Suecia comenzó a presionar, se les hizo tarde. Los militares no piden perdón, señor Wilkens, y los de la Fuerza Naval son los peores. Prefieren morir antes de admitir un error. Después de eso me enteré que se la llevaron del tercer piso y la tenían encerrada en una habitación cerca de los baños. En una de mis visitas para asearme pedí a mi custodio que me dejara verla. Desde afuera vi que estaba de pie, con una camisa de flores, un pantalón negro y sin capucha. A los tres días pasé de nuevo por allí, pero la habitación estaba vacía.

—¿Escuchó algún comentario? ¿Alguien vio a los militares sacar a mi hija del lugar? —preguntó Hagelin.

—Por los pasillos se comentaba que se la habían llevado. Que la embajada de Suecia la estaba buscando y los militares no querían entregarla para que no contara lo que pasó. La sangre seca en el pelo de Dagmar fue por culpa de una herida de bala. Ella corrió cuando los militares la interceptaron y Astiz disparó para detenerla.

»Unos días después vi a una de las reclusas con la camisa de flores de Dagmar. Se la pedí para guardarla por si algún día tenía la oportunidad de entregársela a algún familiar.

Norma Susana abrió su cartera y sacó una caja de cartón pequeña. Se la dio a Hagelin y él la abrió para ver la blusa. Era de flores amarillas.

—¿Por qué pensaba que saldría con vida del reclusorio? —cuestionó Wilkens.

—Porque cooperé con las autoridades. Me torturaron

con la picana eléctrica, me ataron a la cama con grilletes... usted no sabe cuánta porquería me hicieron. Pensé en mi hija y decidí luchar para salir viva. Entiéndame... ya había perdido a mi hijito. A mi esposo lo mataron los militares y estoy segura de que nunca habló ni delató a nadie, pero yo no soy tan fuerte. Les di una lista de Montoneros con las direcciones y los lugares clandestinos de reunión. Ellos me retuvieron en el ESMA por dos años trabajando en condiciones inhumanas. Todos los días temía que se arrepintieran de no haberme matado. Hace tres meses decidieron sacarme del país junto a mi hija y consiguieron pasaportes oficiales para las dos. Nos pagaron los pasajes hasta aquí. Una sola vía, sin regreso. No he hablado con nadie, pero tenía que comunicarme con usted. Lo lamento mucho, señor Hagelin, pero lo que tengo que decir de Dagmar no son buenas noticias.

Hagelin soltó la camisa de flores y la puso sobre la mesa de centro. Se levantó de la silla y caminó hasta la ventana. A través del cristal se observaba la angosta calle Retiro, apenas transitada por dos o tres coches pequeños. Se quedó de espaldas a los otros dos que permanecían sentados. Cuando hizo la siguiente pregunta, ninguno de ellos podía verle el rostro.

—¿Cómo murió?

—En la ESMA se corrió el rumor de que se la llevaron en un avión junto a otros detenidos y la arrojaron al mar. Yo creo que es cierto porque nunca volvimos a verla y usted tampoco ha podido encontrarla.

Hagelin se agarró la cabeza con ambas manos. Dio media vuelta y caminó despacio hasta sentarse en la silla ubicada frente al canciller. Tomó la camisa de flores de Dagmar que había dejado en la mesa y se tapó la cara con ella.

—Señora Burgos —dijo Wilkens—, ¿estaría dispuesta a prestar testimonio bajo juramento ante el gobierno sueco?

—Sí —contestó Norma Susana.

Ese mismo mes, el Gobierno de Suecia envió una misiva en la cual acusaba a los militares de mentir en todo lo relacionado con Dagmar Hagelin y demandó que enviaran a sus oficinas de inmediato un informe verdadero acerca de lo que ocurrió con la joven. Citó las declaraciones de Norma Susana Burgos. Envió copia de los pasajes y los pasaportes de ella y su hija como evidencia de que el gobierno había subvencionado su salida del país por haber cooperado con ellos. La mujer había sido considerada como una informante de la Marina y hasta la sacaron de Argentina para evitar las posibles represalias de Los Montoneros. Hagelin dudaba que se atrevieran a desmentirla.

Por fin tenían un testigo que vio a Dagmar con vida, una ubicación y lo más importante: los nombres de los oficiales a quienes tendrían que interrogar. Hagelin pensaba en los culpables de la muerte de su hija y sentía deseos de matarlos a golpes o patearlos hasta que se desangraran por la boca. Todas esas imágenes oscuras se cruzaban con la pequeña luz que surgía de la duda. «¿Y si Norma Susana Burgos está equivocada?», se cuestionaba a veces. Rogaba que Dagmar estuviese escondida en algún centro de detención de la Marina. Tenía demasiadas preguntas, pero las contestaciones tardarían meses en llegar.

13 DE MARZO DE 1980

Ministerio de Relaciones Exteriores y Culto
Embajada del Reino de Suecia

El Ministerio de Relaciones Exteriores y Culto se dirige a la Embajada del Reino de Suecia para transmitirle el desagrado y la firme protesta del Gobierno argentino ante la actitud asumida por ese Gobierno en el tratamiento público del caso de la ciudadana argentina Dagmar Ingrid Hagelin Buccicardi y el uso de las informaciones falsas suministradas por una persona, Norma Susana Burgos, quien por razones de su afiliación con el terrorismo y de su activa y dual participación en el proceso de lucha con el que estuvo íntimamente asociada, proporcionó las mismas con el solo propósito de perjudicar al Gobierno argentino.

Igualmente resulta inaceptable y sorprendente que el Gobierno del Reino de Suecia haya dado a publicidad esas declaraciones, cuanto que en ellas se hacen referencias incriminatorias a oficiales navales, uno de los cuales reviste representación diplomática argentina. La decisión tomada revela una actitud de intervención en los asuntos internos argentinos, más grave aún, por cuanto existe causa judicial en pleno trámite.

El Ministerio de Relaciones Exteriores y Culto renueva a esa embajada las expresiones de su distinguida consideración.

14 DE MARZO DE 1980

En la embajada prometieron que pedirían una reunión con el ministro de Relaciones Exteriores para discutir el contenido de la carta y presentar el testimonio que ofreció Norma Susana Burgos bajo juramento ante el Gobierno de Suecia.

—Hacemos todo lo posible, señor Hagelin, pero los militares se niegan a ayudarnos. Está claro que mienten y que ocultan lo que ocurrió con su hija. Nuestra relación diplomática con Argentina se ha deteriorado debido a este incidente —dijo el canciller.

—Ya han transcurrido tres años —gritó Hagelin—. Nos pueden seguir mintiendo veinte años más. Con cartas y reclamos no vamos a lograr nada. Hay que hacer algo más fuerte como cerrar la embajada o romper las relaciones diplomáticas.

—Comprendo su situación, pero no podemos destruir la relación de dos países por una sola persona —añadió el canciller—. ¿Sabe cuántos desaparecidos hay en el país? Más de doce mil. Los militares no han respondido por ninguno. ¿Usted cree que hay alguien en el gobierno que contesta las cartas que envían las Madres de la Plaza de Mayo? Considérese privilegiado, señor Hagelin. El caso de su hija ha recibido un trato especial por ser ciudadana sueca. Déjenos continuar con el proceso y le llamaremos cuando tengamos algo nuevo.

Ragnar Hagelin tomó la copia de la carta que le entregó el canciller de Suecia. Regresó a su apartamento, la colocó junto a las otras y cerró el baúl con llave.

61

Una semana después visitó a Néstor Gellar en su oficina de la avenida Comodoro. Le contó acerca del testimonio de Norma Susana Burgos, de la carta que envió la embajada de Suecia y de la contestación que habían recibido.

—El canciller dice que hacen todo lo posible, pero el gobierno militar continúa con las mentiras. Me pidió que los deje trabajar con el proceso. No es fácil para mí ver cómo pasan los años sin tener la certeza de lo que pasó con mi hija —dijo Hagelin.

—Mientras contesten las cartas, sabes que el expediente está activo. Recuerda que la terrorista Burgos pudo haber mentido. ¿Sabes que delató a sus compañeros de Los Montoneros desde el mismo día que la detuvieron?

—Lo sé, nos lo dijo cuando la entrevistamos en Madrid.

—Fue ella quien dijo a los militares que María Antonia Berger visitaría su casa al otro día. Se las puso en bandeja de plata. Por su testimonio, Astiz y los otros estaban allí cuando llegó Dagmar.

Hagelin se quedó pensativo por unos segundos. Recordó que por culpa de la 'confusión', su hija llevaba más de tres años desaparecida.

—No dejo de pensar ni un momento en lo que pasó ese día. Por eso es que se hace imposible quedarme tranquilo.

Geller se levantó de la silla. Caminó hasta donde estaba sentado su amigo y en un tono de voz bajo dijo:

—Haz lo que te pide la embajada. No los hagas enojar.

Ragnar Hagelin creyó entender el mensaje. Se despidió con un apretón de manos y volvió a escuchar las mismas palabras que su amigo repetía cada vez que se encontraban:

—Hago todo lo que está en mis manos para ayudarte. Sabes que en mí tienes un aliado.

Salió de la oficina desilusionado, pero dispuesto a seguir la recomendación.

Después de acompañar al visitante hasta la puerta de salida, Néstor Geller regresó a su silla detrás del escritorio.

Había notado que Hagelin se veía más viejo que la última vez que hablaron y un tanto lento en la coordinación de sus movimientos. «Debe ser por los efectos de tomar medicamentos para dormir por tanto tiempo», pensó.

Tomó el teléfono y marcó un número de memoria. Sonó siete veces antes de que contestaran.

—Habla Geller. Acabo de hablar con Ragnar Hagelin.

—¿Qué dijo? —preguntó un hombre al otro lado de la línea.

—Lo mismo de siempre, pero también me informó que la embajada sueca pidió que les dé espacio para trabajar la investigación.

—Suena bien —comentó la voz masculina.

—Le dije que siga las instrucciones de los suecos. Aceptó mi sugerencia. Eso nos dará varios meses de tranquilidad. Se ve mal, decaído. Pienso que ya no tiene el mismo empuje de los primeros años.

—Lo tenemos a punto de rendirse. Gracias por llamar, Geller.

—De nada, teniente Astiz. Como siempre, lo mantendré informado —concluyó.

Los dos militares colgaron a la misma vez. Néstor Geller terminó de revisar los documentos de inventario naval y se fue a almorzar.

Sentado en la sala de su apartamento, Hagelin contempló una vez más la foto de su hija. La colocó en el bolsillo de su abrigo de lana burda y se fue a la calle a mostrársela a los que pasaban.

GENTE

Estos días de colores

Y todos creamos el mundo desde nuestros
versitos porque no hay otra forma de crearlo.

Ann Wayszckuk

L lego al cementerio a las dos de la tarde. Hay un
joven frente al sepulcro que vengo a visitar. Es-
peraré a que termine. Anda solo y sin cámara;
no parece uno de esos turistas que se retratan frente a las
tumbas de los famosos. Pienso que eso es patético. ¿Olvi-
dan que adentro hay un muerto?
No vine a traer flores ni a tomar fotos. Estoy aquí para
leer *los papelitos*. Escogí este sepulcro porque hay una caja de
acrílico para que los visitantes depositen sus cartas, notas... lo
que se les ocurra. Me gusta porque tiene una lápida marrón y
el resto es gris como el cemento sin pulir. La inscripción lee:
«Al insigne poeta Antonio Machado». La gente coloca flores,
cubre las letras con banderas de España y deja cientos de mensajes cada año. Con disimulo me acerco, levanto la tapa de
la caja y, cuando estoy segura de que nadie observa, saco los
papeles para leerlos. No es por morbo ni curiosidad impúdica.
Preparo la tesina *Indicadores de comunicación y conducta en*
el contexto emocional de los lugares sin vigilancia para obtener
mi licenciatura en sicología. ¿Qué le dicen a Machado? Siem-

pre me ha llamado la atención que las personas se tomen la molestia de escribir aunque sepan que el poeta nunca los va a leer. Es la necesidad de decir algo sin importar quién lo escuche. En mi estudio argumento que se podrían dejar las notas en cualquier lugar y cumplirían el mismo propósito.

El joven también deposita su papelito dentro del cajón. Lo veo caminar cabizbajo hacia la salida del cementerio. Su paso es lento, como si le pesaran las manos que tiene metidas en los bolsillos. Lleva puesto un largo abrigo negro. Se detiene a conversar con el portero, un anciano flacucho vestido con uniforme verde. Da media vuelta y mira hacia donde me encuentro. No puedo sostener la mirada y bajo la cabeza. Me siento como el que acaba de romper un Lalique frente al dueño de la tienda. ¡Bah! No debo preocuparme, ni que fuera delito lo que hago. Además, él no sabe que voy a leer lo que escribió.

Advierto que anota algo en una hoja de libreta que le ha dado el portero. Se lo entrega. Ellos conversan y yo acá espero hasta que lo veo despedirse.

Ahora que se fue, me dirijo a la tumba. Claro que voy a buscar esa nota de inmediato, es la primera vez que tengo la oportunidad de asociar lo que leo con un rostro. Quiero saber qué tiene que decirle a Machado un joven de veintitantos años, muy guapo, por cierto, aunque algo desanimado. Actúo con disimulo, como siempre. Hoy es lunes, los fines de semana dejan una buena cosecha de mensajes. Hay elementos novedosos a ambos lados: un ramo de crisantemos, dos margaritas envueltas en celofán rojo, una foto de dos mujeres con un niño. Llovió un poco en la mañana y se me ha mojado el ruedo del pantalón en los charcos de agua. Me inclino para levantar la tapa y agarrar la nota del joven. Desdoblo el papel amarillo. Empieza con un verso:

Estos días azules y este sol de la infancia

Sigue con una carta:
Antonio querido:
Esos fueron tus últimos versos, por eso te entrego mis

últimas palabras.
Hoy voy a matarme, estoy cansado. Mis días son grises y
se acabó la infancia.

Adiós, poeta.

¡Este hombre se va a matar hoy! ¿Qué se supone que
haga? El portero... tengo que hablar con el portero. Corro
hasta la entrada del cementerio.

—Buenas tardes, monsieur.

Le pregunto si conoce al joven que acababa de salir, el
del abrigo largo. Me dice que lo ha visto varias veces por
aquí, igual que a mí, que lo conoce de vista.

—Se le perdió la billetera. Dejó una nota con su información, por si alguien la encuentra —añade.

Invento una historia. Digo que la cartera está en el Café
Tuiliere frente a la rue du Jardin, que estuve allí hace una
hora y la vi. Llamamos varias veces al número de móvil
que dejó el joven, pero no contesta. Maldita sea, no puede
haberlo hecho ya. No puede ser.

Le digo al portero que me permita la dirección, que
pasaré por su casa a avisarle.

—Desclaux número 3 —contesta—. Se llama Efren.

Al caminar construyo un mapa en mi mente para llegar
a esa calle, por dónde puedo atajar y llegar antes de que...

Atravieso la ruta de Port Vendres en dirección a la Plaza
Jean Jaurès. Cruzo entre los puestos de revistas y chucherías.
En la esquina frente al restaurante Le Croquant me distrae
el olor a anchoas frescas que funciona como un detonante.
¿Por qué corro como una loca por el poblado de Colliou-
re para detener un suicida potencial que no conozco? ¿Por
qué no le dije al guardia que llamáramos a la policía? Me
avergüenzo de este comportamiento impulsivo de superhé-
roe. ¿Acaso pretendo utilizar a este hombre para demostrar
que puedo ser una buena sicóloga? Es una hazaña peligrosa,
pero no puedo parar. Los pensamientos contradictorios se
enredan en mi inconsciente y, al final, sigo adelante.

Llego al número tres de la rue Desclaux. Toco el timbre. Nadie contesta. Toco otra vez. Escucho una voz de hombre a través del intercomunicador.

—Hola.

—¿Efren?

—Sí.

—Necesito hablar contigo —digo asustada.

—¿Quién eres?

—Es importante que hablemos, tengo algo para ti.

—No te conozco. ¿Qué tienes?

—Tu… billetera.

Escucho el timbre que me permite entrar. Subo los tres pisos en menos de veinte segundos. Toco varias veces la puerta marcada con una C.

—Calma, mujer, ya voy.

Abre la puerta y se aleja. Ahí estoy, de pie frente a su sala, sin billetera para entregarle. Me mira desde la butaca negra en la cual se ha sentado.

—Lo que te voy a decir parecerá una locura, pero tengo la nota que le dejaste hoy a Machado. ¿De veras piensas quitarte la vida?

Su silencio me asusta un poco. Quiero que hable, que conteste mis preguntas.

—¿Por qué tienes la nota? Es privada —dice.

—Investigo por qué la gente escribe mensajes que nadie va a leer. Por eso voy a la tumba y leo las notas.

Sigue sentado y ahora tiene las manos cruzadas frente al pecho.

—¿Crees que nadie te ve cuando lo haces?

—Por lo menos trato de que no haya gente cerca.

—Pues yo te he visto hacerlo.

—¿Qué?

—Cada semana te observo. Veo cómo te colocas cerca del sepulcro blanco de Abèlard Sabagni, muerto en 1928 por si no lo has notado cuando te le sientas encima. Caminas hasta la tumba de Antonio, miras por todos lados y abres la tapa de la caja. Me parece que no tienes derecho a leer notas que no son para ti.

—¿Ahora me vas a sermonear?

—Los escritos de esas personas son privados.

—Fíjate que si no leyera las notas no hubiese llegado y, con toda probabilidad, ya estarías muerto.

—¿Cómo supiste mi dirección?

Creo que debió haberme hecho esa pregunta hace rato. Se levanta de la silla, ahora está recostado de la pared.

—Cuando vi la nota suicida, le pregunté al portero si te conocía y me contó lo de tu billetera. Le dije que sabía dónde la habías perdido para que me diera tus datos.

—Vaya, hoy decidiste salvar a la humanidad.

Lo miro a los ojos. Empiezo a sospechar que aquí hay algo raro. Con cierto enojo pregunto:

—¿Lo del suicidio es cierto o no?

Camina hasta un librero en la pared del fondo. El apartamento es pequeñísimo, desde donde estoy parada puedo ver la cocina, una Mac portátil sobre el escritorio desordenado, un estuche pequeño de cuero y algunos muebles. No hay balcón, solo una ventana con vista hacia la pared de concreto del edificio contiguo.

—Pensaba hablar con el portero para que te vigilara y expulsara del cementerio si te agarraba leyendo, pero decidí mejor darte una lección.

—O sea, que la nota de despedida es falsa. Eres un estúpido.

Se encoge de hombros. Ahora soy yo quien cruza los brazos. Lo miro. Casi no pestañeo para que lea en mis ojos que estoy enojada, que tengo ganas de pegarle.

—No lo tomes a mal; me parece muy feo lo que haces. ¿Para qué saber lo que piensan los demás? Deja a cada quien con su duelo, su emoción o lo que sea que lo movió a escribir sus notas para el poeta, no para ti.

—¿Y por qué te metes en lo que hago? ¿Qué, acaso no es la misma situación de la que me acusas, pero esta vez de tu parte?

—No, yo estoy en defensa de la privacidad de los que escriben.

—¿Y me vas a decir que lo hacen para que Machado los lea? ¡Por favor! Es un desahogo. No importa quién lo lea, porque esas notas no se escriben para eso. Es lo que intento demostrar en mi investigación.

—De cierta forma, es como los que rezan. ¿Cuán seguros están de que alguien escucha? Pero son sus oraciones, su fe.

—Olvídalo. Me voy. He pasado un mal rato por tu culpa. Me he atrasado en todo lo que tenía que hacer por venir a salvarte la vida.

Doy media vuelta en dirección a la puerta que ha permanecido abierta durante la conversación.

—¿Cuál es tu favorito?

Escucho su voz que llega desde la parte de atrás del apartamento. Otra media vuelta en sentido contrario, unos cuantos pasos, y quedo frente a él.

—¿De qué?

—¿Cuál es tu poema favorito de Machado?

—No leo poesía.

—Eres una atrevida. Usurpas sus cartas y ni siquiera has tenido la cortesía de leer sus poemas. Si lo hicieras, no le faltarías el respeto como lo has hecho hasta ahora.

Saca un libro de su biblioteca.

—Toma, llévate este. Es una antología.

—No puedo aceptar que me des un libro de tu colección. Mejor dime el título y lo compraré en la librería.

—Acéptalo, por favor. Créeme cuando te digo que no importa que falte un libro en mi biblioteca.

—Gracias. Tienes muchos libros.

—Alguna vez quise ser escritor.

—¿Ya no escribes?

—No.

—¿Ahora tu entretenimiento es vigilar a los demás?

—Solo a los que hacen cosas extrañas.

—Te dije que es una investigación.

Regreso a mi intención anterior de abandonar el lugar. Antes de salir, saco la nota que había guardado en mi mochila.

—Para mí, los días no son azules sino de muchos colores —digo para contradecir al poeta. Formo una pequeña pelota con el papel y la lanzo al aire.

—Hay que interpretar lo que se lee, pero no siempre vas a encontrar el significado correcto. Por más que analices las notas de las tumbas, nunca vas a saber con certeza lo que la gente quiso decir —añade el joven.

—Hasta luego, Efren.

—Adiós... ¿Cuál es tu nombre?

—Cateline.

—¿Dejarás de leer las notas, Cateline?

Lo miro. En vez de contestarle, decido salir sin responder, contrariada. Cierro la puerta y camino lento por el pasillo. Oigo ruidos en el apartamento, como si abrieran una gaveta y movieran el sillón. Antes de llegar a la escalera me volteo para dar una última mirada a la letra C que está pegada a la madera oscura. Siento el deseo de regresar, pero no tengo excusa, así que mejor me largo de una vez a hacer las tareas que tenía planificadas para la tarde.

Entonces, apenas bajo los primeros escalones, escucho un disparo.

También caen del cielo

El avión cayó al mar unos minutos después del despegue. Estábamos sentados en la arena frente a la costa de East Moriches cuando escuchamos un estruendo. Miré al cielo oscuro y me di cuenta de que el aeroplano que vi elevarse segundos antes en dirección al este había estallado. Descendió envuelto en fuego. Corrimos al muelle y observé cómo cientos de llamas surgían del agua a menos de cincuenta pies de donde estaba parada. Parecía como si estuviera amaneciendo y un sol rojizo iluminara la zona. Los tripulantes de los botes que se acercaron al área apuntaron sus linternas hacia varios cuerpos quemados, algunos todavía amarrados a los asientos por cinturones de seguridad. Las maletas reventadas llenaron el mar de piezas de ropa que se movían con el oleaje. Entre el derramamiento de gente muerta sobresalían los pedazos de metal en forma de alas y cola. Todo ocurrió tan rápido que no tuve tiempo de taparle los ojos a Aaron para evitarle el susto.

Hasta ese momento pensaba que yo era la persona más desgraciada del mundo y que la mala suerte era parte de mi ADN. No se supone que estuviera sentada allí en el momento que explotó el avión. Los jueves en la noche suelo estar en mi casa con Aaron, pero esa tarde tuve una pelea con la vecina y salí a despejar la mente. Desde temprano en la mañana el día se perfilaba desastroso. Amaneció con un aguacero intimidante, parecido a los que ocurren cuando hay amenaza de huracán en Long Island. En verano la humedad forma una capa de aire caliente; cuando no sale el sol como hoy, la ciudad es una sauna. La lluvia me provoca un mal humor silencioso, como el de las enfermeras de los hospitales públicos. Debe ser el recuerdo de que también caía agua del cielo el día que mamá y yo regresamos en autobús desde Nueva Jersey con dos maletas cada una. Papá había muerto ahogado en la playa de Atlantic City y no tuvimos más alternativa que volver a vivir con el abuelo en su casa llena de muebles de madera con olor a viejo.

La lluvia de hoy traía gotas duras que causaban molestias en la piel, como las que sientes cuando te tocan las balas que disparan las pistolitas de juguete. Aaron tiene una que le compró su papá, en contra de mis deseos, pero le gusta tanto que se la permito. En la mañana tuve que ir a la oficina del siquiatra que trata de ayudarme a manejar la ira. Es el mismo doctor que atiende a mi marido, así que somos como una familia.

Mamá dice que lo que pasa es culpa mía, porque soy impulsiva. No es cierto. ¿Cómo voy a ser responsable de tener un hijo autista? En todo caso es culpa de ella y su familia que en algún momento se cruzaron con alguien que insertó en sus cromosomas el gen del autismo, igual que hicieron conmigo y el material genético de la mala suerte. Aaron tiene cinco años y vive en su mundo. A veces lo envidio porque, gracias a sus trastornos, puede escaparse de toda la porquería que nos rodea: la eterna mala cara de mamá, la indiferencia de su padre y el estúpido hijo de la vecina. Todos los días insulta a Aaron y hace muecas cuando lo encontramos en las escaleras del edificio. Su madre no lo regaña. Parece que el hijo discapacitado es el suyo y no el mío. Durante todo este tiempo he pensado en lo que dice el siquiatra acerca de calmar la ira y no abofetearlos a los dos, pero con lo que hicieron hoy me colmaron la paciencia.

Aaron y yo regresábamos al apartamento después de un día de visitas a doctores y unas cuantas vueltas por el mercado de la calle Frowein. Cuando caminamos juntos parece que todo está bien, que el cerebro de los dos funciona como debe ser.

77

Abrí el portón del edificio con una mano mientras sostenía el paraguas con la otra. Secamos las suelas de los zapatos en la alfombra de la entrada y subimos los primeros escalones hacia el segundo piso. Escuché a la vecina en el tercero cuando cerró la puerta. Iba a salir con su hijo que se asomó por la rendija entre dos balaustres de la escalera y llamó a Aaron. Él ni se dio cuenta; a veces no escucha bien. El injerto de demonio de la vecina gritó —¡Aaron! —y ninguno de los dos atendimos. Así que empezó a vocear —¡Aaron es sordo!, ¡Aaron es sordo!—. El eco de su voz de muñeco satánico retumbó en mis oídos como el sonido de una bocina de camión. Subí los escalones impulsada por la ira que el siquiatra no ha podido controlar. Me detuve frente a la vecina y dije:

—¿Puedes hacer algo para que tu hijo respete a los demás?

—No tienes que ponerte así. Es solo un niño —contestó.

—Tiene diez años. Ya debería saber que hay personas que tienen problemas y él no tiene derecho a burlarse de ellos.

—Pues si no quieres que nadie se fije en tu hijo, escóndelo.

Me empujó para sacarme del medio y bajar las escaleras. Sin pensarlo, estiré la mano y la agarré por el pelo.

Halé tan fuerte que se cayó al piso. Me arrodillé para acercarme a su cara y le dije:

—Escúchame bien. Si alguno de ustedes vuelve a ofendernos, el hijo que van a tener que esconder es el tuyo.

La dejé allí tirada y regresé al primer piso donde Aaron se había quedado aguantando el paraguas. Salimos por la puerta rumbo a cualquier sitio que nos alejara de aquella escena. Lloré de coraje por no tener dinero para mudarme.

La caminata terminó en el Balneario de Smith Point. Compré manzanas con caramelo para Aaron y una botella de agua. Nos sentamos sobre la arena frente a la costa. Una hora después escuché el ruido y luego vimos el fuego que caía del cielo igual que la lluvia.

Treinta minutos más tarde, el área estaba llena de policías y periodistas. El ruido de las sirenas no cesaba. Las lanchas de la guardia costanera rescataban del mar cuerpos sin vida y pedazos de avión. Desde arriba unos hombres que colgaban de helicópteros alumbraban la zona con luces de bengala.

Tomé a Aaron de la mano y nos fuimos antes de que llegaran más personas. Caminamos de vuelta al edificio con el paraguas cerrado. Había dejado de llover.

La mesera de Bentonville

Una vez eliminas lo imposible, lo que queda,
sin importar cuán improbable sea, debe ser la verdad.

Sir Arthur Conan Doyle

Son las dos y treinta de la tarde. La temperatura en Bentonville, Arkansas, es de 40 grados. Theresa Crumm lleva puesto un abrigo negro de cuero sobre una camisa rosada. El viento sopla hacia el este y aparta de su rostro el cabello castaño. Su madre la observa desde la ventana de la casa. La hija voltea el rostro descubierto para decirle adiós antes de subir al auto.

Tres días después, cuando entrevisté a Margaret Crumm, todavía recordaba esa mirada. El 30 de diciembre de 2001 fue el último día que pasó con su hija. Temprano en la mañana Theresa llegó a visitarla y fueron juntas al supermercado. En la tarde se despidió y fue a reunirse con sus amigas en Molly's Country Kitchen. Allí estuvo hasta las cinco menos cuarto. Se supone que entraría a trabajar a las siete y treinta de la noche, así que se dirigió a su casa para arreglarse. Jamás llegó a ese turno.

El caso fue investigado como un suicidio. Comenté varias veces al oficial Sherman que no descartaría otras posibilidades; aquí había algo raro. Theresa Crumm era una mujer de 32 años que trabajaba como mesera en el restaurante Bristol en Bentonville. Su familia y compañeros de trabajo la describían como una persona bondadosa, amante de la naturaleza, llena de energía y tan graciosa que podía hacer reír hasta a un moribundo. Las personas así no se suicidan. Al menos, no en este pueblo alegre de apenas quince mil habitantes. Cuando analicé todo lo que hizo las veinticuatro horas antes de que la encontraran sentada en la sala de la casa rodante en que vivía con un tiro en el pecho y un rifle .308 en las manos, no me pareció el día final de un suicida.

Sherman tenía la teoría de que la mujer pudo haber tratado de vivir un día normal para que nadie se diera cuenta de sus intenciones. No estuve de acuerdo. Theresa vivía sola en la casa rodante que le alquilaba a su exnovio. Había programado citas con el dentista y la peluquera para el día siguiente de su muerte; además, llevó su ropa a la lavandería esa mañana. ¿Qué persona que piensa en dispararse se preocupa por que su ropa esté limpia? Sobre el mostrador en la cocina se encontró la lista de tareas que tenía pendiente: ordenar un bizcocho en Barry's Cakes, comprar un traje para la fiesta de fin de año y depositar el dinero de sus propinas en el banco.

Su madre, una mujer blanca de ojos verdes y párpados hinchados, me repitió varias veces durante la entrevista que no creía que su hija se hubiese suicidado. Yo pensaba en la señora Crumm mientras reconstruía las últimas horas en la vida de la mesera. Cuántas noches debe haber pasado sin dormir cuando su niña se enfermaba, las meriendas que preparaba para que se las llevara a la escuela, las amistades que vigilaba para que no le hicieran daño... Pregunté si sospechaba de alguien que pudiera tener motivos para asesinarla.

—¿Algún amante sospechoso? —cuestioné.

Me dio detalles de la vida sentimental de su hija. En el 96 Theresa se casó con Dan Perry, un empleado de la ferretería Lowe. Se había divorciado diez meses antes de su muerte, luego de cinco años de maltrato. En septiembre comenzó a salir con Chris Selles, un carnicero de Wal-Mart y dueño de la casa rodante donde se encontró el cadáver. Aunque habían terminado su relación un par de semanas antes de los hechos, ella continuó como su inquilina. Cuando entrevisté a Chris dijo que ellos mantenían una relación cordial a pesar de que ya no eran pareja.

Ambos tenían buenas coartadas. Dan Perry estuvo en el centro comercial de Fayeteville, a veinticinco millas de Bentonville, desde las cuatro hasta las siete de la noche, según los recibos de compra y el testimonio de dos empleadas que recordaron haber conversado con él en distintos establecimientos. Chris Selles estuvo en Joe's Bar, en el pueblo de Rogers, a una milla del lugar de los hechos. Jugó póquer con varios amigos desde las 3:30 hasta las 6:00. Luego, según su testimonio, salió a cobrarle a su exnovia la renta del mes y cuando llegó, la encontró muerta. A pesar de que dijo que no había hablado con Theresa ese día, había una llamada suya registrada en el teléfono de ella a las 6:14 de la tarde, la cual él no recordaba haber hecho.

Cuando hablé con Chris Selles, pedí que narrara todo lo que había hecho ese día. Él dijo que a pesar de que ya estaba de noche cuando llegó a cobrar la renta, pudo ver a través de la ventana a Theresa sentada. La llamó, pero al no tener respuesta, se preocupó y abrió con su llave. Él mismo llamó a la policía.

El crimen se cometió entre las seis y las siete de la noche; Sherman y yo llegamos a la escena a las siete y treinta. Revisé todas las puertas y ventanas de la casa rodante. Ninguna tenía signos de que hubiese sido abierta a la fuerza.

El informe de patología indicó que la mujer tenía una herida en el pecho causada por un tiro de contacto, fractura en las costillas, acumulación de sangre en la cavidad pleural y perforación del pulmón derecho. Había residuos de pólvora en la ropa y en la piel. Sherman dijo de inmediato que ese dato probaba que ella disparó. Le contesté que estaba equivocado; una persona que está presente cuando se detona un arma puede acumular residuos de pólvora. El espacio en una casa rodante es mínimo y el tiro fue a menos de un pie de su pecho. La pólvora en la ropa no era evidencia de que ella misma hubiese disparado; la ausencia de esta en las manos tampoco era prueba de que fue otra persona quien haló el gatillo, pues los rifles y las escopetas no dejan residuos ahí. Si quería convencer a Sherman de que este caso era un asesinato y no un suicidio, necesitaba conseguir otras evidencias.

¿Sería Chris Selles tan tonto como para matar a Theresa y luego llamar a la policía? Si estaba cerca de la casa, pudo haber caminado hasta allá. Era posible que el asesino hubiese pasado por el área sin ser visto. El único vecino de la mesera en el parque de casas rodante era Edward Milles. Cuando lo entrevisté el 5 de enero, declaró que había estado en Houston con su madre la última semana de diciembre. Sin embargo, cuando los compañeros de la Policía de Texas entrevistaron a la señora Loretta Milles, dijo que hacía más de dos años que no veía a su hijo.

Los criminales que atacan durante el día usualmente conocen bien el vecindario, los habitantes, los atajos para escapar y la rutina diaria de sus víctimas. Tenía dos sospechosos que coincidían con esa descripción: Chris Selles y Edward Milles. Cuando confronté a este último con el testimonio de su madre, confesó que había mentido porque en realidad no había ido a Houston, sino a El Paso a visitar a unos amigos. A juzgar por la forma en que trató de ocultar ese viaje, sospecho que tenía vínculos con el narcotráfico. Mostró los boletos de avión y la línea aérea confirmó que estuvo en su lista de pasajeros. Al menos, por ahora, Edward tenía una coartada.

El 11 de enero nos llegó el registro de llamadas de Theresa, Chris Selles y Don Perry. Verifiqué todos los números y las horas en que habían usado el teléfono, con énfasis en el día 30 de diciembre. Noté que Chris Selles recibió una llamada en su celular a las 6:12 de la tarde que se originó desde un teléfono público localizado en el bar donde jugaba al póquer con sus amigos. Cuando entrevisté al cantinero que estaba de turno ese día, me dijo que recordaba haberlo visto hacer una llamada aproximadamente a esa hora. ¿Por qué marcaría su propio número? Recordé la llamada perdida en el teléfono de Theresa a las 6:14 proveniente del celular de su exnovio. Ella tenía grabado el número y se registró con el nombre. Él mencionó en su testimonio que no había llamado a su exnovia aquel día y el cantinero dijo que cuando Chris terminó de usar el teléfono público fue a la barra y permaneció allí por unos cinco minutos. Luego se despidió y salió del bar. Sin duda, había algo extraño en esta secuencia de llamadas.

Entrevisté a los otros tres hombres que habían jugado póquer esa tarde. Uno de ellos me contó que Chris Selles había pagado esa tarde una deuda que tenía pendiente. Me dijo que trajo el dinero envuelto en un pedazo de tela azul y que había gastado por los menos unos doscientos cincuenta dólares en las tres horas que estuvo con ellos. También mencionó que Chris se dio cuenta de que no traía el celular y no recordaba dónde lo había dejado. Les dijo que iría hasta el teléfono público a marcar su número. Si el celular se encontraba en algún lugar del bar, sonaría y él podría hallarlo. Luego de eso fue a la barra y estuvo allí unos minutos antes de irse porque, según dijo, tenía que ir a cobrar una renta para poder seguir en el juego.

¿Dónde dejó Chris Selles el celular? Quien quiera que lo haya tenido, llamó a Theresa exactamente dos minutos después de que él se llamó a sí mismo. ¿Por qué?

Durante semanas analicé la información, busqué pistas, revisé las declaraciones. La noche del veintiséis de enero recibí una llamada de Margaret Crumm. Ese día hubiese sido el cumpleaños de Theresa. Me contó que su hija tenía planes de celebrar una fiesta en el restaurante. Hablamos durante unos minutos y colgué.

Salí de mi oficina rumbo al Bristol. Aunque ya había entrevistado a los compañeros de la mesera, quise asomarme por si alguien recordaba algún detalle que ayudara a resolver el caso. Además, tenía hambre; había trabajado desde las siete de la mañana y ya eran las ocho de la noche.

El restaurante era un poco incómodo por la cantidad de sillas y mesas que tenían en tan poco espacio, pero aun así se sentía acogedor. La poca iluminación provenía de unas lámparas rectangulares colocadas en las paredes grises. En total había unas diez mesas cubiertas por manteles blancos preparadas con cubiertos, servilletas azules de tela y pequeños candelabros. Por la decoración me di cuenta de que la cena me costaría todo el dinero que tenía en la billetera. En Bentonville los restaurantes baratos tienen cortinas de flores y huelen a pollo frito. Becky, la mesera que estaba de turno, me reconoció. Ella fue una de las que entrevisté en los primeros días de la investigación porque era muy amiga de Theresa. La acompañé hasta una mesa con dos sillas cerca de la ventana y comentamos el detalle del cumpleaños porque ella recordó la fecha. Ordené un mint julep para tomar y carne medio cruda con suflé de papas dulces. Pensé en la mesera muerta y en la fiesta que se hubiese celebrado hoy a las diez de la noche. En mis trece años como detective nunca me había identificado con ninguna víctima, pero la voz llorosa de la señora Crumm se repetía en mi mente como una canción sin música.

Comí despacio mientras observaba los pocos clientes de la noche. Tomé otro mint julep. Tenía ganas de irme a dormir para ver si en sueños podía encontrar los detalles que me ayudarían a cerrar el caso. Cuando Becky me trajo la cuenta, puse el dinero sobre la mesa y agarré la servilleta azul de tela en mis manos. Me quedé quieto, pensativo. Un paño azul había dicho el compañero de juegos de Chris Selles… en un paño azul trajo el dinero… Le pedí a Becky que me permitiera llevarme una de las servilletas; aunque me miró con extrañeza, dijo que sí. Un paño azul, como las servilletas del restaurante, envolvía el dinero... La lista de cosas para hacer de Theresa incluía depositar dinero en el banco. Sin embargo, nunca encontramos efectivo en la casa ni en su cartera... Y las llamadas... ¿dónde dejó Chris Selles el celular esa tarde? Cuando lo entrevisté al otro día de hallar el cuerpo de Theresa, tenía el celular colgado de la cintura. Evidentemente, ya lo había encontrado.

Llegué a la oficina a las nueve de la mañana. Discutí con Sherman un caso nuevo y preguntó si insistiría en el de Theresa. Le conté lo que tenía, y aunque le parecía que había algo raro, no creo que me hiciera mucho caso.

Una de las asistentes me trajo un sobre que acababa de llegar del banco. Era la copia del último estado de cuenta de la mujer en el cual aparecía el cheque de renta cancelado que se emitió el 5 de diciembre. ¿Por qué iría Chris Selles a cobrarle el día 30, si ella había hecho el pago del mes y era muy temprano para cobrar enero? El empleado de Wal-Mart mintió en su testimonio. Él no fue a casa de Theresa a cobrar la renta, sino a buscar otra cosa. Claro. Algo que había dejado allí en la tarde: el celular.

Chris entró a la casa rodante cuando Theresa estaba en Molly's Country Kitchen con sus amigas. Encontró el dinero envuelto en la servilleta de tela azul. Se lo llevó para gastárselo en el póquer, pero olvidó el celular. Cuando se dio cuenta de que no lo tenía, hizo la llamada desde el teléfono público. Al escuchar la voz de su exnovia, colgó. Entonces Theresa marcó el número del teléfono de ella para, a través del identificador de llamadas, saber el número del celular extraño que encontró en su casa; se registró el teléfono de Chris Selles: esa es la llamada perdida que aparece en su celular a las 6:14.

Llamé a Sherman. Le pedí que me acompañara a entrevistar otra vez a Chris Selles. Cuando lo confrontamos

85

con la evidencia, confesó. Dijo que al salir del bar, tardó unos diez minutos en caminar hasta la casa rodante. No hizo ningún ruido y abrió la puerta con la llave. Theresa estaba en la ducha. Él hombre entró hasta la habitación y buscó en el tope del armario uno de sus rifles. Había varias de sus pertenencias allí, pues la propiedad era suya. Esperó a que la mujer saliera del baño y disparó. Luego preparó la escena para que pareciera que la misma mujer se había matado. Cuando terminó, rebuscó en varias áreas de la casa a ver si encontraba más dinero y llamó a la Policía. Fue una forma de crear la coartada perfecta, pues sus amigos recordarían que él les había dicho que iba a casa de Theresa. Chris Selles sabía que la mujer guardaba efectivo en la casa rodante y él tenía deudas de juego que pagar. Cuando se dio cuenta de que había olvidado el celular en la casa, pensó que Theresa llamaría a la Policía para notificar el robo y acusarlo. Por eso regresó al lugar. Aun así, de no ser por las llamadas de celular que me parecieron sospechosas, quizás el caso se hubiese resuelto como un suicidio. No había huellas de Chris en el arma porque utilizó la servilleta azul de tela para sostenerla.

A las ocho y veintitrés de la noche llamé a Margaret Crumm para darle la noticia. Lloró unos minutos y luego me preguntó:

—¿Usted cree que mi Theresa sufrió?

Contesté que no, aunque no estaba seguro. Solo contaba con el testimonio de Chris Selles. De todas formas, no valía la pena narrarle una escena violenta que se grabara en su mente y no la dejara vivir en paz por el resto de sus días. Prefiero que recuerde el rostro al descubierto de su hija diciendo adiós mientras ella la miraba desde la ventana.

El templo de Sri Balaji

No hay nada noble en ser superior a otra persona.
La verdadera nobleza está en ser superior a lo que fuiste.

Proverbio indio

¿Intervención Divina?

Titular publicado en *The Wall Street Journal*
el 31 de diciembre de 2007

N ecesitamos que venga más gente al templo, —Mohanty. Diez personas a la semana es muy poco. El joven escuchó al sacerdote Gopala Krishna. Hubiese querido ayudarlo a resolver la escasez de visitantes, pero no tenía idea de qué hacer. El templo Balaji estaba localizado en las afueras de la ciudad y no había carreteras para llegar hasta la zona.

Gopala se sentía frustrado. Treinta años atrás se había marchado del pueblo a estudiar comercio. Luego de graduarse trabajó en Hindustan Lever, una compañía de productos de limpieza. Sabía que en algún momento tenía que regresar a sustituir a su padre como sacerdote y administrador del templo a pesar de que esa vida de ayunos y oración no le interesaba. Le gustaba el mundo de los negocios, ganar dinero y gastarlo como quisiera. Durante sus años en la empresa se desempeñó como gerente de ventas y era muy admirado por su creatividad para buscar nuevos usos a productos que llevaban años en el mercado.

Su padre había muerto hacía ya diez meses. Gopala Krishna asumió su nuevo puesto y a los pocos días se dio cuenta de dos detalles que le preocupaban. Primero, que a pesar de haber estudiado el Mahabharata a través de los años, no sentía la conexión divina de la que hablaban todos los sacerdotes que conocía. Sabía que el templo estaba localizado en el lugar en que una estatua de Sri Balaji fue encontrada hacía más de cinco siglos. La historia que narraban los sacerdotes durante generaciones establecía que un devoto trató de desenterrar la figura de yeso y, sin querer, clavó su hacha en el pecho del dios. La sangre brotó y cubrió el piso donde se construyó el pequeño templo que Gopala Krishna ahora administraba sin inspiración.

Lo segundo que le preocupaba era que extrañaba demasiado el mundo de los negocios. Vivir en un pueblo remoto perdido entre montañas acrecentaba esa nostalgia. Aunque habían ocurrido algunos progresos, todavía no existía la gran ciudad que hubiese ayudado a que el templo subsistiera a base de donaciones.

✳ ✳ ✳

Ocho años después del regreso de Gopala Krishna, Hyderabad comenzaba a transformarse. El gobierno decidió emular el éxito de Bangalore, la capital de la tecnología, localizada unas cincuenta millas al sur. Construyeron carreteras desde el centro de la ciudad hasta los pueblos ubicados en las afueras. Los oficiales del estado hicieron pactos con ejecutivos de Microsoft y General Electric para que ubicaran fábricas en los terrenos disponibles. Colegios y universidades de prestigio inauguraron recintos que ofrecían grados en ingeniería de todo tipo. Era común ver a los jóvenes cambiar sus vestimentas tradicionales por camisetas y mahones o verlos tomar café en los nuevos centros comerciales. A pesar de todos los adelantos sociales y económicos que incrementaron el ingreso per cápita de los habitantes, las visitas al Balaji no aumentaban.

—A este ritmo vamos a tener que cerrar el templo y cederlo al gobierno —comentó el sacerdote administrador a su ayudante.

Gopala Krishna se encerró en su habitación esa tarde. Comenzó su rutina de oración a Sri Balaji, el dios hindú de la riqueza y uno de los más populares de Hyderabad. Sentado en el piso con las piernas cruzadas en la postura de *sukhasana*, cantó el Gayatri Mantra con los ojos cerrados. Imploró por ayuda para hacer prosperar el templo. «Llévame de la oscuridad a la claridad», repetía en su mente. Cuando se retiró a dormir, una idea lo mantuvo despierto hasta la madrugada. «Quizás deba conseguir un empleo para ganar dinero y cubrir los gastos», pensó. «Todavía puedo trabajar. Regresaré al mundo laboral con la excusa de que necesito ingresos para mantener el templo».

El lunes siguiente, a las seis de la mañana, Gopala Krishna tomó el autobús hacia el centro de la ciudad. El recorrido a la estación principal tardaba una hora. Desde allí caminaría hacia el área industrial donde se encontraban las grandes compañías. Se alegraba cuando tenía que visitar la metrópoli.

El sacerdote llevaba su hoja de vida en un pequeño maletín. Había cambiado su *shervani* por una camisa blanca de mangas largas, un pantalón negro y zapatos de vestir. Se sentía más cómodo así. Divisó el primer edificio en una hilera que terminaba unas dos millas más abajo. Decidió que los recorrería todos. Tenía hasta las nueve de la noche, cuando saldría el último autobús de regreso al pueblo. Disponía de tiempo para entrar en una cafetería y desayunar té con pan. Cuando terminó de comer, se mantuvo sentado para escuchar con disimulo las conversaciones de los jóvenes que estaban a su alrededor. Detrás de él, dos trabajadores se quejaban.

—No hay forma, son muy pocas las posibilidades —dijo uno de ellos.

89

—¿Qué podemos hacer? —preguntó el otro.

—Esperar al año próximo y ser de los primeros en solicitar.

—¿Cuántas visas otorgan?

—Sesenta y cinco mil, pero solicitan medio millón de personas. A ese ritmo nunca voy a poder trabajar en Estados Unidos. Me voy a tener que quedar aquí —declaró uno de los jóvenes en tono pesimista.

—Hay que orar todos los días. Conseguiremos las visas si los dioses determinan que nos conviene.

El sacerdote no se movió de la silla hasta que escuchó toda la conversación. «Parece que esas visas son muy valiosas», pensó. Agarró su maletín y salió de la cafetería.

En el nuevo Centro de Ayuda al Turista preguntó cómo podía llegar al consulado norteamericano. Consiguió un taxi que lo llevó a donde le explicaron y media hora después entró por las puertas de cristal. El lugar estaba tan lleno como el río Ganges a la hora del baño purificador. Imploró a Sri Balaji que le permitiera cumplir su propósito. Puso el maletín en el piso, bajó la cabeza y oró por diez minutos con las palmas de las manos unidas a la altura del pecho. Cuando terminó, vio que estaba frente a una pizarra de anuncios con el título *¿Qué hacer para conseguir su Visa H-1B?*

«Gracias, Sri Balaji», se dijo.

Leyó toda la información y tomó notas en la parte de atrás de la hoja de vida. Tenía algunas preguntas, pero se fijó que las filas eran interminables, por lo que sería poco probable que pudiera hablar con alguno de los empleados. Se dirigió hasta el guardia de seguridad que custodiaba la entrada.

—¿Cuán difícil es conseguir una de estas visas para trabajar en Estados Unidos?

Si la palabra imposible fuera una persona, tendría la cara que puso el vigilante cuando escuchó la pregunta. Gopala Krishna conversó con él por unos minutos. De tanto escuchar a los empleados hablar con los solicitantes, el hombre sabía la contestación a las preguntas más comunes acerca del proceso. Al salir, Gopala caminó por la avenida hasta el centro comercial de la zona. Entró a una tienda de telas y compró seda con impresos de flores rojas, amarillas y violetas. El borde era rojo con piedras doradas cosidas a mano. Luego tomó un taxi hasta la estación para abordar el autobús de regreso al pueblo. Estaba convencido de que, con la ayuda de Sri Bajali, los problemas económicos del templo estarían resueltos.

* * *

—Mohanty, cuándo tienes examen en la universidad, ¿a quién ruegas que ilumine tu pensamiento? —preguntó Gopala Krishna a su asistente.

—A Sri Yhakti, el dios del conocimiento, por supuesto —respondió el joven estudiante de mecánica.

—¿Qué sucede si fracasas al contestar la prueba? —increpó el sacerdote.

—Le doy gracias a Sri Yhakti por permitirme estudiar y le pido que me ayude a entender mejor la clase para tener éxito la próxima vez.

—Muy bien, Mohanty. Ya veo que tienes fe. Todo lo bueno que nos pasa es por causa de las deidades supremas que están en el corazón de la tierra. Los dioses te concederán lo que pides si es lo adecuado para tu vida. Mañana iremos a las universidades y colegios más importantes de Hyderabad. Pediremos hablar con los directores. Sri Balaji tiene un mensaje para el pueblo y ellos pueden ayudarme a divulgarlo.

Al otro día, el sacerdote y su asistente visitaron los centros de educación superior más importantes. El Mohanty esperaba fuera de las oficinas. Gopala Krishna entraba, conversaba con los encargados que estaban disponibles para atenderlos y salía sonriente. En ocasiones traía sobres que guardaba dentro de un bolso.

Con el dinero que recogió ese primer día mandó a hacer un gigantesco rótulo que colocó en el terminal donde se tomaba el autobús hacia el pueblo. El nuevo mensaje de Sri Balaji ya empezaba a difundirse.

✳ ✳ ✳

Se corrió la voz tan rápido que la primera semana llegaron al templo más de cincuenta nuevos visitantes. Gopala Krishna los recibía en grupos de diez. Oraban juntos durante quince minutos y luego les permitía ver a Sri Balaji. El sacerdote vistió la estatua con la tela de flores y bautizó a la deidad con un nuevo nombre: Veesaala Devuda, el *Dios de la Visa*. Luego de que los solicitantes pedían en silencio que el gobierno les concediera el documento, Gopala Krishna les instruía para que hicieran *pradakshinas* once veces alrededor del templo. Si el deseo era concedido, tendrían que regresar para hacer la caminata ciento ocho veces.

La cantidad de visitas aumentó en menos de treinta días. Los estudiantes llegaban en autobuses enviados por los directores de los colegios y universidades. La buena fama que adquirirían las instituciones si sus estudiantes conseguían trabajo en otros países les ayudaría a reclutar más pupilos cada año. Las donaciones eran tantas que, con lo que se recaudó los primeros dos meses, Gopala Krishna saldó todas las deudas que tenía el templo y le asignó un salario a Mohanty. Las compañías que se especializaban en llenar las solicitudes de visa colocaron letreros de promoción en distintos lugares del camino hasta el templo. Vendedores ambulantes se establecieron cerca del estacionamiento y ofrecían estampas con imágenes del nuevo Sri Balaji, frutas y otros tipos de mercancía. Los primeros devotos que recibieron la aprobación de sus visas regresaron al templo a dar las gracias. Gopala Krishna les tomó varias fotos que colocó en una pared al lado de la estatua.

Cuatro años han transcurrido desde que el Dios de la Visa apareció en el templo. Además de las gestiones religiosas que le corresponden, el sacerdote también dirige un periódico que publica testimonios de personas que han logrado sus visas y mantiene una página en Internet donde los usuarios pueden conseguir ejemplos de plegarias.

Su nostalgia por el mundo de los negocios ha desaparecido.

Las cenas de Arnaldo

No se puede tener todo en la vida; ¿dónde lo pondrías?

Steven Wright

Arnaldo cocina para olvidar que está solo. Hoy prepara la misma receta de la semana anterior, pero cambia la carne de res por cordero y el polvo de chile por cilantro. Se enamoró de las artes culinarias a los diecinueve años cuando vio una película acerca de una chef alemana que espiaba para los rusos. Había una escena en la que ella preparaba un sorbete con hojas de menta y lo derramaba sobre sus senos. Luego se acostaba en la alfombra para que la lengua tibia del amante saboreara el dulce frío que se derretía hasta que las gotas le llegaban al ombligo. Los ojos del joven Arnaldo se quedaron fijos en la pantalla que mostraba la piel humedecida. La boca se le llenó de una sensación de frescor tan real que no volvió a tomar de la Coca Cola que tenía en la mano. De alguna forma esa película definió su futuro: se obsesionó con las mujeres y la comida.

Estudió un grado asociado en la Universidad del Este y después se mudó a Miami. Trabajó por siete años como *sous chef* de Peter Duvossan en el Restaurante Larios.

Aprendió a crear recetas con ingredientes importados de
diferentes partes del mundo que compraba en el mercado
de la avenida Collins. En el tiempo que estuvo en la ciudad, hizo acercamientos románticos a dieciséis mujeres.
Sus relaciones no pasaban de dos cenas preparadas por
él y compartidas a la luz de las mismas velas blancas. El
efecto de la comida duraba menos de un mes. Cuando
llegaba el momento de la tercera salida, las mujeres inven-
taban excusas para rechazar la invitación porque Arnaldo
cocinaba de maravillas, pero no tenía temas de conversación. Compensaba su personalidad aburrida con un ta-
lento extraordinario para confeccionar platos exquisitos.
Escuchar a sus invitadas gemir aunque fuera solo cuando
probaban uno de sus postres le provocaba erecciones que
ocultaba detrás del delantal. No hablaba de otra cosa que
no fuera comida y, cuando las mujeres se cansaban de escucharlo divagar acerca de cortes de carne y tipos de le-
chuga, se refugiaban en la típica artimaña de no devolver
sus llamadas. Arnaldo intentaba comunicarse una o dos
veces. Cuando no tenía contestación, desistía de sus aspi-
raciones por miedo a un rechazo mayor.

Después de su estadía en Florida, regresó a Puerto Rico
con un manuscrito de cien recetas recopiladas durante sus
años en Larios. Estableció un restaurante de comida internacional en Santurce y durante los siguientes veinti-
nueve meses tuvo citas con doce mujeres. Todas termina-
ron igual que los romances de Miami. A los treinta años
Arnaldo empezaba a lamentar la poca suerte que tenía en
el amor. Cuando comentó su situación con la psicóloga
que lo atendía dos veces al mes recibió un consejo que no
esperaba.

—Los humanos podemos identificar de inmediato si la
persona que tenemos de frente puede llegar a ser nuestra
pareja. Es una destreza intuitiva que desarrollamos hace
millones de años, cuando nuestros antepasados tenían
que distinguir con rapidez entre amigos y enemigos. En

general, toma menos de un segundo decidir si nos atrae
físicamente y unos tres minutos de conversación son sufi-
cientes para evaluar su potencial.

—¿Y qué uno dice en tan poco tiempo para que la mujer que tiene de frente sienta esa atracción? —preguntó
Arnaldo.

—Antes de lo que se dice, nos fijamos en cómo se dice
—continuó la sicóloga—. Una vez la mente determina
que la persona es atractiva, se mueve a una segunda carac-
terística: la voz. Por lo regular, las mujeres pensamos que
los hombres que hablan con rapidez son más educados, y
los que tienen voces profundas y gruesas nos parecen más
guapos de lo que en realidad son. Luego nos fijamos en
las palabras; nos gustan los hombres que utilizan un voca-
bulario parecido al nuestro y que aparentan tener el mismo grado de inteligencia, porque así podemos conversar
acerca de los temas que nos interesan. Esa es la forma que
tenemos de descubrir si esa persona que tenemos de frente
comparte nuestros valores sociales y religiosos. Todo eso
se determina simplemente con palabras.

—Esto es muy complicado para mí.

—Es más sencillo de lo que usted piensa —ripostó la
doctora, mirándolo como si estuviera a punto de entregarle el último ingrediente necesario para elaborar la sopa—:
las mujeres leemos entre líneas. Si un hombre nos entre-
tiene con una buena conversación, significa que ha tenido
una vida interesante. No hable solo de comida porque las
va a matar de aburrimiento.

Arnaldo comenzó un plan para convertirse en un hombre interesante. Todas las mañanas leía los tres periódicos
que se publicaban en el país para ponerse al día con lo que
pasaba en Puerto Rico y el mundo. Se acostumbró a ver
en la televisión programas que no fueran de cocina, sino
de animales salvajes o viajes alrededor del mundo. Compró libros acerca de cultura popular, política e historia. Se
subscribió a *National Geographic* y *Sports Illustrated*. La

biografía del ciclista Lance Armstrong (reconocido por ser un extraordinario deportista además de un mujeriego de bajo perfil) lo inspiró de tal forma que creó un plato de pasta orgánica en su honor. Estudiaba por el día y atendía el restaurante por las noches. Luego de dos meses de preparación intensa, sintió que estaba listo para una nueva etapa.

Hacía cinco semanas que tenía en la mirilla a una mujer rubia, alta y delgada como un espárrago que había conocido en la Editorial Toledo, donde preparaban el lanzamiento de su libro de recetas. Tenía el cutis blanco con tonos rosados, como si la sangre se le pudiera ver un poco a través de la piel. Le recordaba a la chef de la película alemana. Se llamaba Estefanía Wacholder y estaba encargada de todas las publicaciones en español de la Editorial. Era hija de una puertorriqueña y un abogado polaco criado en Brooklyn, donde también vivió ella hasta los catorce años.

Después de varias reuniones de veinticinco minutos en las que Estefanía hablaba y Arnaldo escuchaba, el chef decidió invitarla a cenar, con la promesa de que cocinaría un plato bajo en calorías. Ella aceptó sin mucho entusiasmo porque le agradó la idea de que, durante la comida, podría continuar su conversación acerca de los arreglos finales del libro y las fotografías que acompañarían las recetas. Arnaldo veía en Estefanía a una mujer inteligente, con temas de conversación ilimitados. Después de un adiestramiento dedicado a devorar páginas de información como si fueran carne cocida, se preparó para una cena diferente. Por superstición, cambió el menú que había utilizado en la primera cita durante los últimos doce años. Preparó una langosta con hierbas tailandesas sobre un puré de apio sazonado con perejil y azafrán. Un tiramisú con café de Brasil y crema baja en grasa cerraría la velada.

La noche de la cena, Estefanía habló sin parar sobre el libro de recetas. Lo comparó con uno que había adquirido en la Feria de Frankfurt escrito por un chef francés. Arnaldo se limitó a escuchar su voz grave, como si padeciera de un catarro incurable, y a observar el color almendra sureña de sus ojos escondidos detrás de espejuelos pequeños. Cuando sirvió el postre y Estefanía probó el sabor exquisito de la crema batida a mano mezclada con el café, se le escapó un gemido de placer que hizo que Arnaldo se sonrojara como melocotón de Atlanta.

—Es lo más delicioso que he comido en mi vida —dijo ella cerrando los ojos como si quisiera retener el sabor en la memoria.

Los siguientes minutos transcurrieron en un silencio apenas interrumpido por alguno que otro elogio de la editora a las delicias que acababan de cenar. Le pidió al chef la receta del tiramisú y sugirió que la incluyera en el próximo libro. Una hora después, el anfitrión acompañó a su invitada hasta la puerta y se despidió con un apretón de manos.

Lejos de sentirse decepcionado, Arnaldo entendió que, para lograr que Estefanía entrara en ánimo romántico, debía prepararle un menú que inspirara gemidos desde el aperitivo. Pasó tres madrugadas en la cocina decidido a encontrar la mezcla perfecta de sabores para una salsa blanca de trufas que cubriría una ternera empanada con migajas de pan dulce. El postre tendría que superar el anterior; se decidió por una tarta rellena de arándanos con capas de chocolate blanco.

Encontrar la ocasión para invitar a Estefanía a una segunda cita fue más difícil que cocinar un Wellington de carne. El momento apropiado surgió una tarde en que la editora llamó para indicar que el libro ya estaba en la imprenta.

—Te invito a cenar mañana para celebrar.

La segunda cita siguió el mismo patrón que la anterior. Mientras descorchaba una botella de vino francés, Arnaldo se dio cuenta de que ya era tiempo de hablar de otros temas para que Estefanía pudiera apreciar su diversidad de conocimientos. Estaba seguro de que podía impresionarla. Cuando llegó el momento del postre, la mujer se quedó en silencio por unos segundos. Luego dijo:

—Discúlpame por ser una invitada tan aburrida que lo único que habla es de trabajo. Podemos cambiar el tema, si prefieres.

Arnaldo vio la oportunidad que esperaba para cortar el tono profesional de la cita y darle un toque personal.

—Como quieras —dijo y le sirvió otra copa—. Puedo hablar de cualquier cosa.

—¿Cómo qué?

La mente de Arnaldo hizo una búsqueda de tres segundos a través de sus archivos mentales llenos de datos nuevos.

—¿Qué tal Lance Armstrong? ¿Sabes que su corazón es un tercio más grande que lo normal para un ser humano? —cuestionó, orgulloso de sus conocimientos adquiridos gracias a *Sports Illustrated*.

—El mío también —contestó Estefanía antes de beber un sorbo del vino.

—¿No me digas? ¿Y también ganaste el *tour* de Francia? —preguntó Arnaldo entre risas.

—No —contestó Estefanía—. Padezco de cardiomiopatía dilatada. Es un defecto que hace que las cavidades del corazón se agranden y los músculos se estiren; con el tiempo el corazón aumenta de tamaño y no funciona bien.

Arnaldo no sabía qué decir, así que prefirió callarse. Retomó el tema del libro de recetas y sugirió algunas ideas para la presentación a la prensa. Luego sirvió dos porciones del postre de arándanos. Media hora después, Estefanía se despidió. El chef dio las buenas noches sin poder disimular el impacto que le causó la noticia: la mujer que lo había motivado a cambiar el menú de las citas románticas corría por la vida con un corazón enfermo.

Meses después, Arnaldo publicó su libro y el primer

año regaló más copias que las que vendió. En algunas actividades de promoción estuvo acompañado por la editora, pero su contacto se limitaba a seguir instrucciones de ella. No se atrevía invitarla de nuevo a cenar porque le daba miedo. Se dio cuenta de que su problema con las mujeres tenía que ver más con su falta de valor para retenerlas que con su elocuencia remendada.

A casi dos años de la última vez que vio a Estefanía, visitó las oficinas de Editorial Toledo para recoger su cheque de regalías. Al salir del edificio se encontró con ella en el estacionamiento. Llevaba puesto un traje color frambuesa y tenía el pelo recogido. La vio tan bonita que apenas prestó atención a lo que ella le contaba acerca de las ventas del libro. Se concentró en mirar los ojos color almendra sureña y el cutis pálido.

—Cuando tengas el próximo manuscrito, me llamas —dijo la editora antes de despedirse.

Arnaldo la vio alejarse. Sin pensarlo, gritó:

—¡Estefanía!

Caminó unos cuantos pasos hasta donde ella estaba.

—¿Quieres cenar conmigo este fin de semana?

Estefanía sonrió.

—Con una condición...

—La que quieras.

—Esta vez, yo cocino.

Agradecimientos

A Luis López Nieves por la primera lectura de estos cuentos, las correcciones y los comentarios. A Emilio del Carril por el cuidado de la edición y el diseño de la portada. A mis amigos y colegas del Colectivo Amalgama G-7: Mara Daisy Cruz, Yolanda López López, Jorge Valentine, José Borges, Luis Alejandro Polanco y María D. Zamparelli. Es un honor tenerlos como lectores. A País Invisible Editores por aventurarse conmigo al publicar este libro. A mis amigos de Radagroup, Radamés Rosado y Zulma I. Crespo, por regalarme una sesión de fotos profesional y divertida.

A mi familia por quererme tanto y a mi esposo Alexander por ser el realismo mágico de mi vida.